JN130277

最新図解

株式投資のカラクリ

知識を武器に
儲けのチャンスをつかめ

高野 譲

彩図社

はじめに

近年のインターネットの普及によって、株式投資は、以前よりも飛躍的に一般の人々にも親しみやすいものになった。

株式市場は、毎日新しく絶え間ない市況や企業ニュースで賑わい、サラリーマン、学生問わず、投資家となった参加者がそれぞれの考えのもとに株式を売買している。その上、ネット社会は、マーケットの垣根を越えたグローバルな投資をもたらした。先進国をはじめ、ベトナム、インドネシア等のフロンティアと呼ばれる国々にまで、日本から投資できるようになったのだ。生涯を通じて取り組むだけの魅力がそこにはある。

そして、株の世界は夢に満ちている。なぜなら、成長国へ投資してリターンを得たい、企業を応援したい、貯蓄を増やしたい、投資で生計を立てたいなど、投資を始めるきっかけには大いなる希望があるからだ。そう、マーケットはグローバル化し、そこで投資家は自由気ままに夢を追いかけることができるのである。

とはいえ、投資とは孤独なものでもある。

投資家は、基本的に自分一人で勉強しなければならないし、そもそもお金と夢を扱う個人的な世界に助言を求めたくないという人も多い。つまり投資には、協力し合えるような友達を作ることが難しい性質があるのだ。

そのために、夢を抱いて投資を始めても、時に成果なく、途方にくれて投資をやめてしまう人も多いという現状がある。

私は証券会社に勤めて、会社の資産運用を請け負う証券ディーラーや、個人投資家の方々が、このように一人で途方に暮れて、投資を諦めてしまう姿を数百人と目にしてきた。投資を始めて上手くいかない人は、株式投資のカラクリ（仕組み）を理解する前に、早々に夢追い人になっている可能性が高いのだ。

私は、この状況を断ち切るために、本書を書こうと決意した。

本書は入門書である。しかし、内容には現場のノウハウを詰め込み、どんな人にも役立つものにした。初心者でもゼロから始められるように、証券口座の開設法、証券市場の現状と仕組み、有望銘柄を探す方法について書くのはもちろん、経験者にも参考になるよう、テクニカル分析を使ってパターン的・視覚的に取引を簡素化することにも重点を置いた。配当や優待を目的とした長期投資、デイトレーダーと呼ばれる短期投資のどちらにも対応している。

また、外国市場や為替市場に日本の株式市場がどう連動するのかなど、株価の動き自体についても幅広く、分かりやすく解説した。

そして、証券会社に属するプロのトレーダーや個人投資家がどんな視点で取引をして、どんな理由で勝てているのかという内面について、当人という立場から解説した本でもある。

株価を動かす要因はたった一つ、「需要」だけである。本書は、その需要について、実例を多用し、現場のリアリティも絡めて書いた。

是非、本書で株式投資のすべてを学んでほしい。そして、本書を、協力し合えるような友達の一人として迎えてくれれば嬉しい。

高野　譲

最新図解　株式投資のカラクリ　もくじ

第1章 株主になると何がある？——株式投資の魅力

第2章 未知の扉を開け！——ネット証券で口座を開く

第3章 銘柄選びは楽しい ——どんな会社に投資すべきか

第4章 株ってどんな世界なの？——株式市場のカラクリ

第5章 株取引は簡単だけど奥が深い——取引のカラクリ

第6章 長期投資やデイトレにも使える——テクニカル分析で銘柄を選ぶ

第１章
株主になると何がある？
――株式投資の魅力

株っていったい何？

株式投資の魅力①

株取引を始めると、株の話をするのがとても楽しい。どこからか夢のように儲かった話や、スリリングな話が舞い込んでくる。しかし、いつも話題の中心は、「すごい値動きだった！」「いくらで買った？」という、値動きや価格についてだ。これは、株の話というより、株取引の「商い」についての話である。まずは原点に戻り、取引ではなく**「株」そのもの**について、株の役割を見ていきたい。

会社側から見る株の役割は、**資金調達**である。会社は、取引所の基準を満たした「普通株」を上場させて、それを取引所で売ることで出資者を募っている。普通株以外にも「優先株」が取引できるが、配当が高いという利点に相反して経営に参加できないなど、適正な株価の判断が難しく、浸透していないのが現状だ。そのため、私達がふだん取引をしているのは「普通株」と呼ばれるものだ。株による資金調達は、銀行からお金を借りる場合と比べて、返済期限がなく、大きなお金を集められるという利点がある。

株を買った人は**「株主」**と呼ばれ、株主が出資したお金の総額が会社の「資本金」となる。そのため、資本金が大きい会社は発行株式数が多く、その会社を応援する株主も多いはずだ。

では、株主側から見る株はどんな役割があるのだろうか？　株主が手にした株は、「あなたはいくら投資した」という**証明書**であり、投資した会社の**所有権（持ち分）**でもあるのだ。

今では株券は電子化されて、手に持てないので実感が湧きにくいが、1枚でも株を買えば、株主として、会社の所有者として、経営に参加することができるのだ。

会社のオーナーになる

株式会社は株主のものである

「上がった！」「下がった！」という言葉を聞くだけで、株の話だと思う人もいるだろう。しかし、そもそも株とは何か？　個人投資家が株を持つこと、会社が株を発行することにはどういう意味があるのかを理解しておこう。

投資家から見る株の役割とは？

株とは、投資したことの証明書・会社の所有権である。会社の発行株式を全部取得すれば、その会社は100%自分の所有となる。会社法では、会社は社員のものとなるが、この「社員」とは株主のことをさしているのだ。

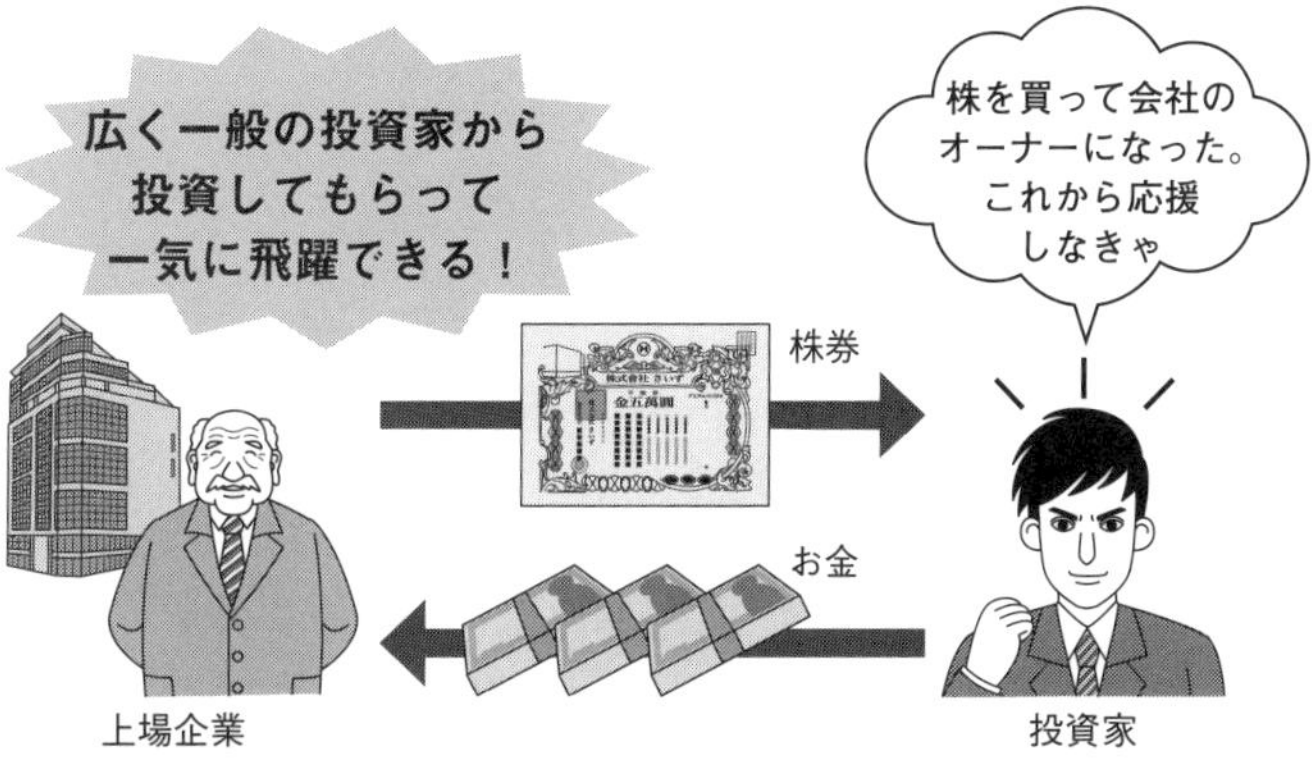

会社から見る株の役割とは？

株を上場しているということは、厳しい上場審査にパスした優良企業の証。世界中の投資家から注目され、利息や返済の必要もない膨大な資金調達が可能になる。さらに、現金を使わずに株式を交換するだけで業務提携や企業買収ができる。

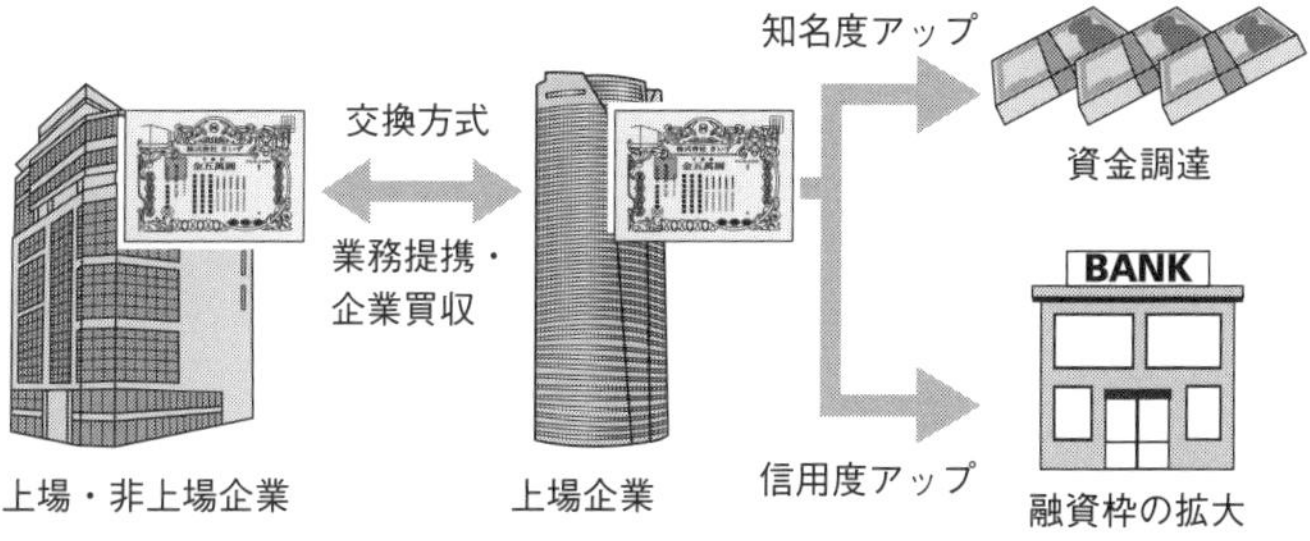

株式投資の魅力②

どんな魅力があるの？

株主として会社の経営に参加するとなると、大変な仕事が待ち受けているように思うかもしれないが、株主が実際に行うのは、会社の運営ではなく**権利の行使**である。

株主の権利は4つある。**配当を受ける権利、株主優待制度を受ける権利、株主総会に出席する権利、残余財産分配権**である。株を持つことで自動的に得られるこれらの権利が、投資の魅力の中でも大きなウェイトを占めている。

配当を受ける権利とは、年に1、2回、会社の利益を配当金という形で受け取る権利だ。次の株主優待制度では、やはり年に1、2回、投資した会社やそのグループ企業の様々な特典がもらえる（48ページ「株主優待制度で選ぶ」参照）。株主総会は、会社の決算日から3ヵ月以内に開かれる。3月決算の会社が多いので、株主総会は6月に集中している。総会では、会社側から事業報告があり、配当金の件、取締役と監査役の選任など、会社の重要事項を「賛成」「反対」投票で決定する。経営に参加するとは、まさに株式会社の最高意思決定機関である株主総会に参加することなのである。最近の株主総会はバラエティに富んでいて、お土産が豪華だったり、所属アーティストの株主限定ライブがあったりと、かなり楽しい内容になっているものもある。

最後の残余財産分配権は、会社が解散して資産が残っている場合に、分配を請求できる権利だ。経済学上では、会社は株主のものであり、会社の資産も同じく株主のものになる。株主が会社のオーナーというとさぞかし面倒そうに感じられるかもしれないが、実のところ、**苦労よりも楽しみの方が多い**のである。

株主の権利は４つ

株主が行うのは権利の行使

株主の権利には「配当を受ける権利」「株主優待制度を受ける権利」「株主総会に出席する権利」「残余財産分配権」がある。

配当を受ける権利

会社の利益を配当金として分配してもらえる。年に1､2回実施されることが多い。

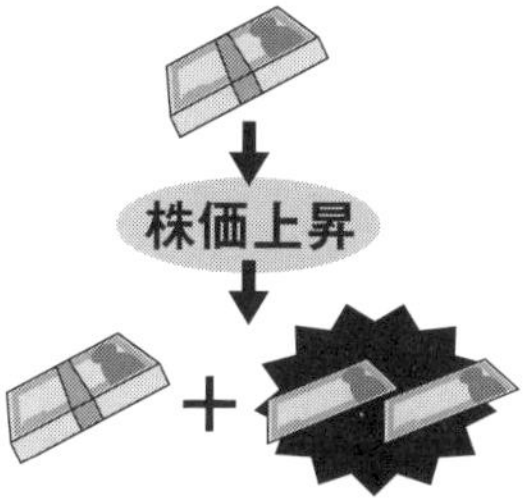

配当利回りは
東証１部の平均で年２％前後

株主優待を受ける権利

会社から投資家へのプレゼント。配当と同じく年に1､2回実施されることが多い。

企業ブランドの景品や
生活必需品などがもらえる

株主総会に出席する権利

少しでも株を持っていれば、議決権を保有していることになる。

- 取締役と監査役の選任
- 定款の変更
- 会社の解散・合併

など、会社の重要事項を投票によって決定する。

残余財産分配権

会社が解散して資産が残っている場合に、分配を請求できる権利。

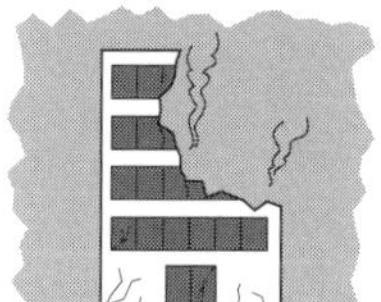

株式投資の魅力③

株主の義務と責任とは？

社会では、商談や交渉などのあらゆる取引の裏で、常にリスクとリターンが天秤にかけられている。例えば、個人の商売なら、見込める客単価や仕入れ値から生活できる月収（リターン）を想定して、受け入れ可能なリスクを取る。株取引においては、このリスクの部分を**「株主責任」**という。

そして、株主が想定するリターンは、**値上がり益・配当・優待**である。会社に投資することには、自己の利益だけでなく、**社会の発展に貢献する**という社会的意義があることを忘れないでほしい。

株主責任をさらに別の言葉に置き換えると、**株価の変動リスク**となる。株価は会社の業績だけでなく、様々な外部要因の影響を受けて動いている。そのため、買った株が値下がりしたからといって、すぐに売却して損を確定する必要はない。売却の前に、ニュースで株価下落の原因を調べ、株主の権利の割合について、どう影響を受けるのかを考えるべきだ。

例えば、配当無しとなった場合、株を手放す投資家が出るのは明らかだ。さらに、株をたくさん刷り増して資金調達をするとなれば、一株の権利の割合が希薄化する。これも、株を売却する人が増えて、株価下落につながる可能性が高い。株主は、このような経営不振の打開策が実施される時に、株主としての責任を負うのである。最悪の場合は、債務超過で会社の資産がまったく残らずに倒産して、株の価値をすべて失ってしまうことも考えられる。これらの株主責任は「有限責任」とも呼ばれている。会社の借金までを背負うことはないが、**出資金の範囲内で株主としての責任を果たすことになる**のだ。

株にはリスクもある

株主は出資金の範囲内で責任を負う

株を持つことで得られる値上がり益・配当・優待というリターンに対して、株価の値下がり損というリスクがある。

株主としての責任

株主責任とは、株主が出資金に対して責任を負うこと。出資した企業が不正を起こしても、株主が法的な罪に問われることはないが、株価の変動によって出資金の範囲内で責任を負うことになる。最悪なケースでは、会社が破綻して株価が無価値になることもある。

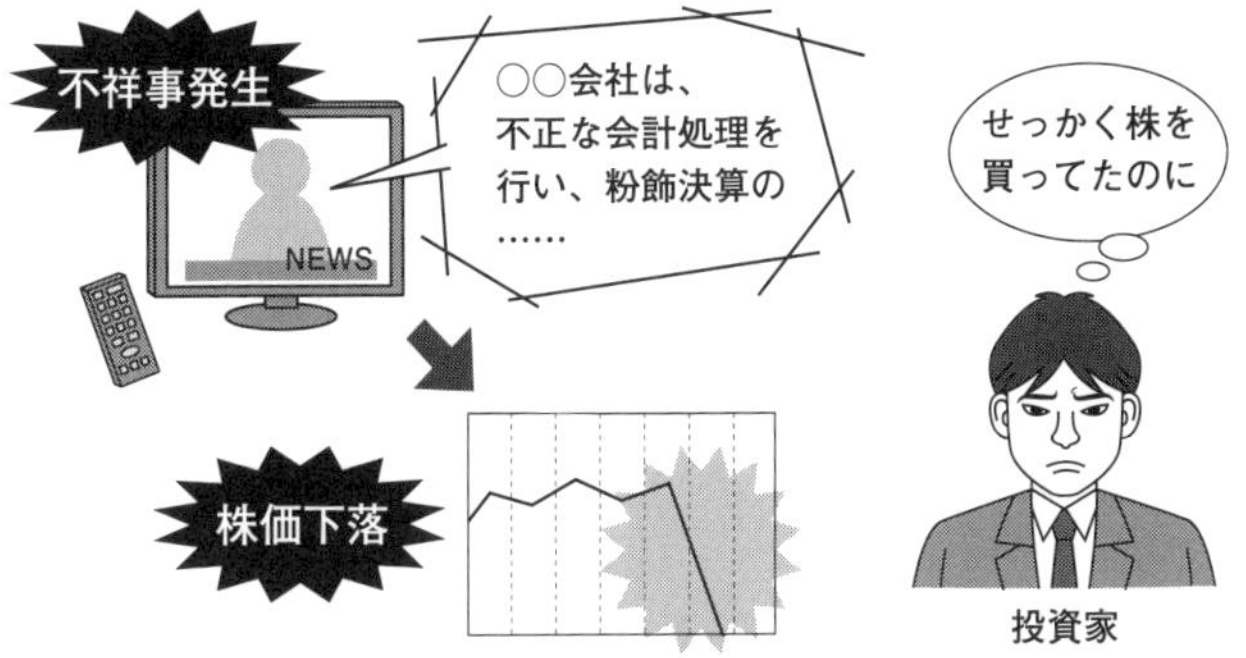

株価変動リスク

株価が下落する要因は、会社の不祥事の他に経営不振がある。会社を建て直すために新しく株式を発行して資金調達したり、配当が出せなくなったり、株主の権利が希薄になってしまうケースでは株価が下落することが多い。

経営不振

株式分割

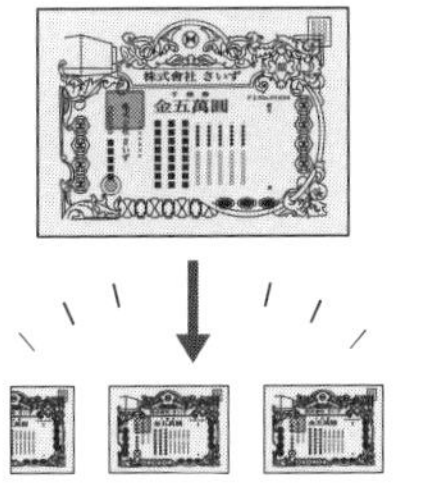

権利が希薄になる

配当なし

株式投資の魅力①

なぜ株が一番いいのか

ＦＸ（外国為替証拠金取引）が脚光を浴びたのは10年ぐらい前だろうか、それに続きバイナリーオプションや仮想通貨取引など、近年投資はあらゆる形態を有するようになった。これから投資を始める人にはこの上ない環境と言いたいところだが、新しい金融商品にはトラブルがつきものである。仮想通貨の流出事件は記憶に新しいが、金融庁による規制や勧告は金融システムの脆弱性にとどまらず、バイナリーオプションのたび重なるルール変更やＦＸのレバレッジ引き下げなど、取引の仕様にまで及んでいる。

つまり、金融庁は**「株式はお勧めだけど他の投資は控えてね」**と思っているのである。

金融行政運営の基本方針のレポート（平成30年10月）には「国民の貯蓄を安定的に増大させる」ために「長期・積立・分散投資の促進」を勧めている。分散投資とは株式で構成された投資信託のことである。

では、なぜ株式以外の投資がよろしくないのか？　その答えは、レポートにある「貯蓄を安定的に増大させること」が不可能だからである。株式以外の投資はゼロサムゲームと呼ばれ、ゲームの上手い人へお金が移転し、国民はおろか経済全体でもまったくお金が増えない。さらに、投資家の負けが胴元である金融会社の取り分となり、勝ちが金融会社側の損となる相対取引が主流である。

株式投資にもゼロサムゲームの要素はあるのだが、基本的に会社の利益を分配し、経済が浮上すれば全員勝つこともできる。反対に全員負けもあるかもしれないが――株式は手数料を頂戴する取引所取引であり、業者と顧客ＷＩＮ‐ＷＩＮの関係で成り立っている。投資先の選択は株式がベストで間違いないだろう。

最強の投資先は株式

企業が頑張れば株価は青天井

FX より株式投資に軍配が上がる理由は、長い歴史の中で構築された安全な取引環境のもと、投資に専念できるからである。そして投資先の企業が大きくなれば株価も上がる期待値と、配当金の存在も忘れてはならない。

株式投資には２つの儲け方がある

①自分が頑張る

※FX は①のみ

②投資先が頑張る

取引所取引と相対取引の違い

・株式は取引所取引

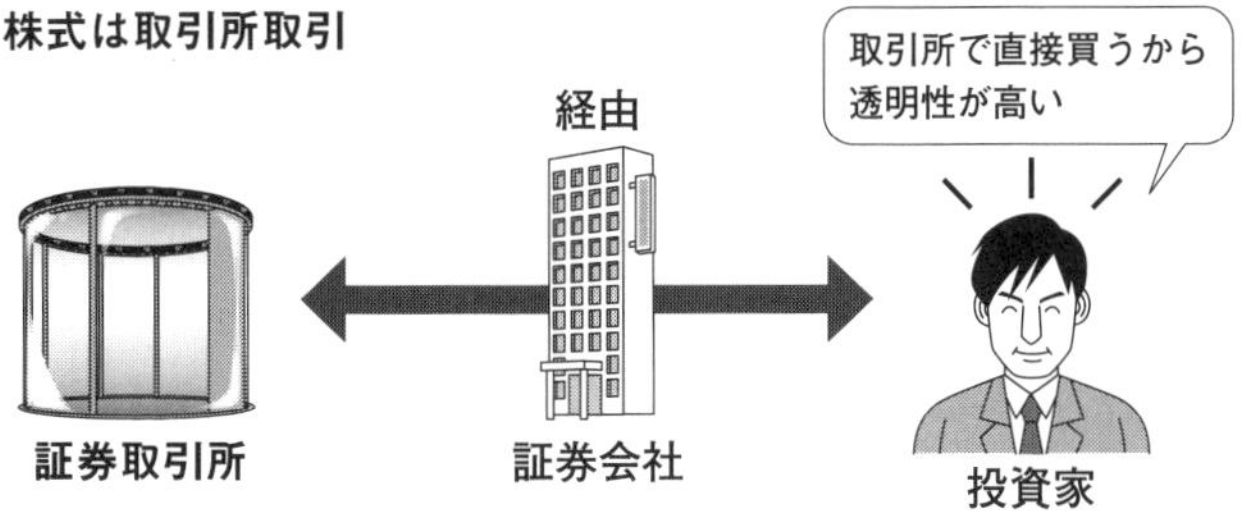

・ＦＸは相対取引

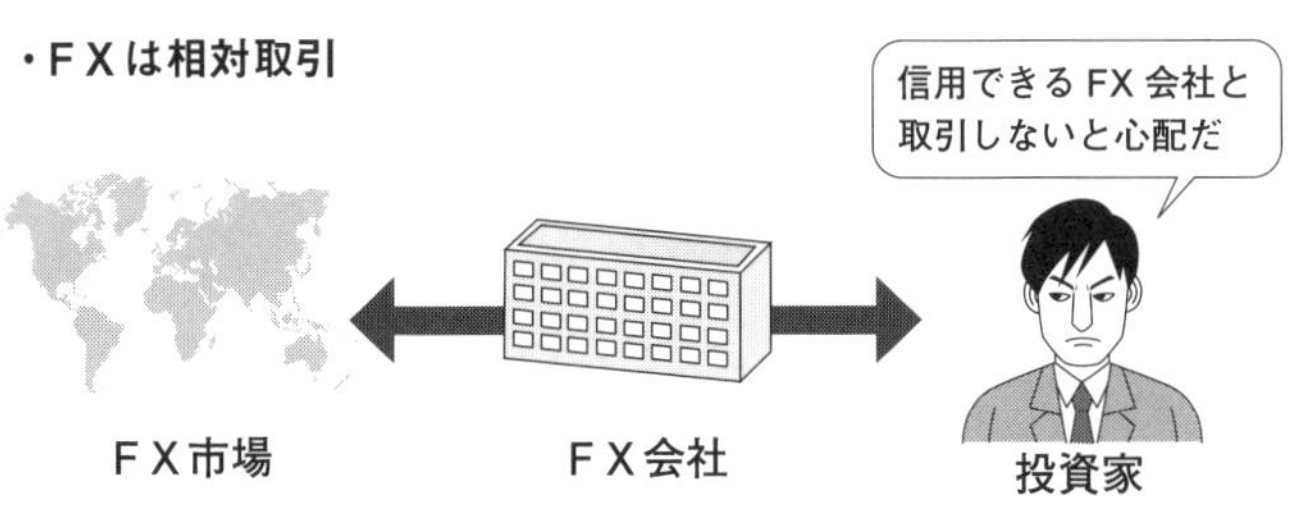

株取引のしくみ

株式投資の魅力④

株主になる魅力とリスクを把握した上で、株を買うと決めたら、次は実際の購入だ。とはいえ、そのためにわざわざ東京都の証券取引所まで足を運ぶ必要はない。日本各地には株式等の取次を行っている「証券会社」があり、株取引の仲介をしてくれているからだ。証券会社は、「総合取引参加者」として、証券取引所で株を売買できる資格を与えられている。**個人が直接取引所で売買することはできない**のである。

証券会社へ取引の仲介を依頼する時、メジャーな証券会社でなければ心配という意見もよく聞くが、株の価格に、都会や地方などの立地や、証券会社の大小による違いはない。それは、どの証券会社も一つの取引所から配信される一つの株価データを利用しているからだ。

例えば、ソニーを2000円で100株買う場合、ミリ秒単位で同時刻ならば、どこの証券会社でも2000円で買うことができる。そして、証券会社に預けたお金は、どこの証券会社でも必ず会社の財産と分別管理されていて、買った株は、日本で一つしかない**証券保管振替機構（ほふり）**という場所で保管・管理されているので安心だ。

株取引のプロセスをまとめると、①証券会社へ自分の買いたい価格で発注を依頼する、②取引所のシステムで正常な約定（売買成立）を確認してもらう、③買った株は、証券保管振替機構（ほふり）で名義変更と管理をしてもらうという役割分担で成立している。

インターネットで株取引をした経験がある人なら分かるだろうが、このプロセスは一瞬で完了する。

株価は一つ

証券会社・証券取引所・投資家の関係

証券会社は株取引の仲介を行っているが、一つの同じ金融商品を買うのに、証券会社の知名度や会社規模の大小は関係ない。

株価データの配信

株の取引は証券取引所で行われている。証券取引所が配信する同じ価格データを各証券会社は受信しているので、証券会社による株価の違いはない。

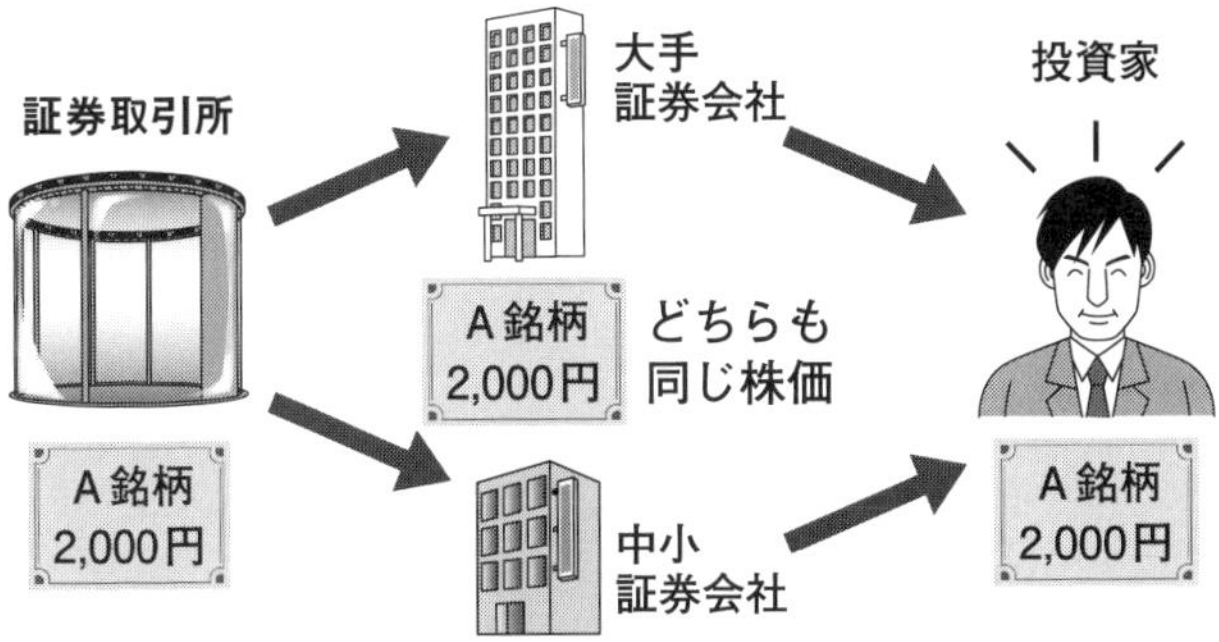

株取引のプロセスを担う

証券会社は、総合取引参加者として証券取引所で株を売買できる資格を与えられている。投資家は、証券会社へ注文を依頼する。そして、取引所は売買が成立した新しい価格データを、世界中の証券会社へ配信する。

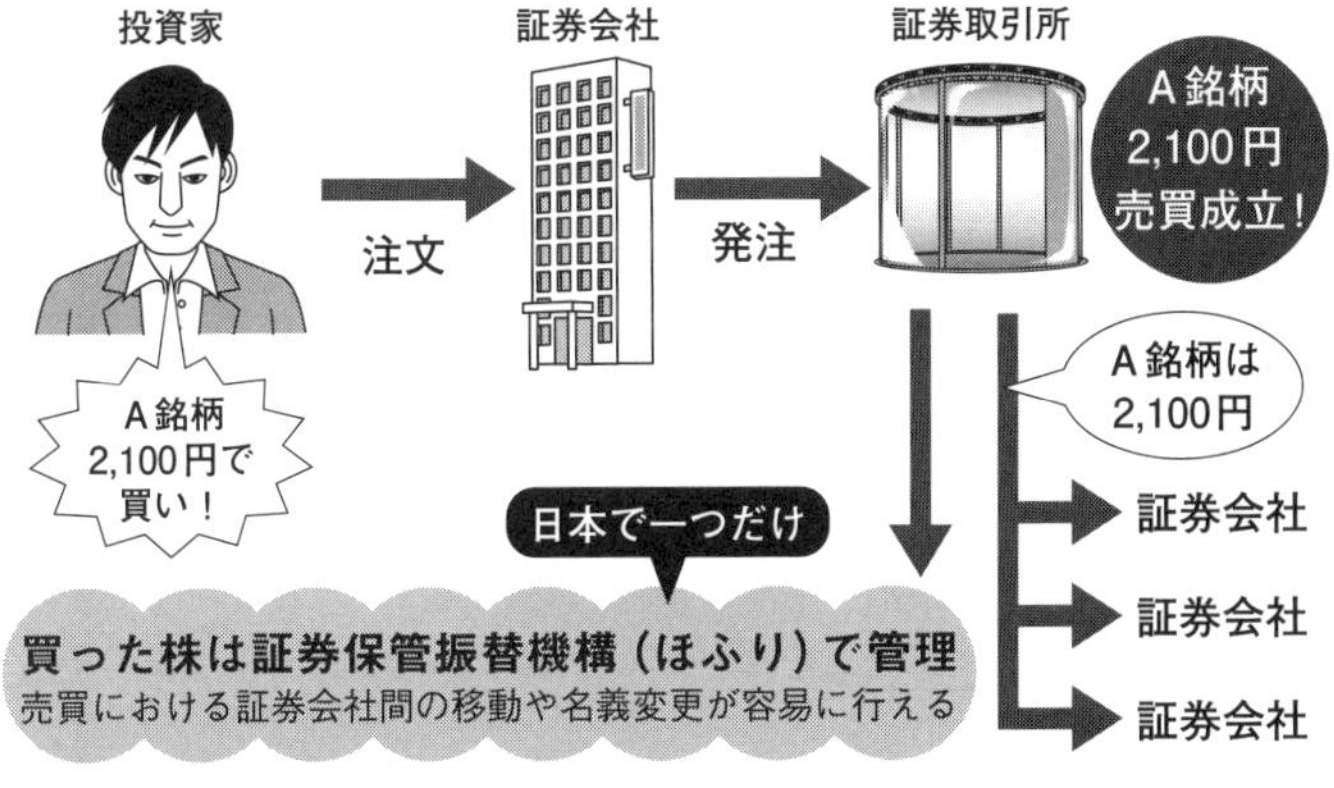

ＮＩＳＡ口座を活用する

ＮＩＳＡ口座とは、平成26年1月からスタートした**「小額投資非課税制度」**専用の口座だ。証券会社で一人一口座のみ開設できる特別な非課税口座で、毎年１２０万円の投資枠を上限に、５年間で最大６００万円分の売買益が非課税となる嬉しい制度である。

特別な口座なので、既存の証券口座では非課税制度は受けられない。そのため、普通に証券会社で開設する口座とは別に開設する必要がある。

ＮＩＳＡ口座で保有する株式や、投資信託における売買益・配当金等の所得は非課税の対象となるため、長期投資に適している。

その理由として、毎年１２０万円の投資枠を上限としていることが挙げられる。

例えば、60万円の株を2株買って、翌日すぐに売却した場合は、その年の１２０万円の投資枠を使い切ってしまう。次にすぐ買いたくても、非課税の枠は残っていない。そしてまた翌年の1月まで待てば、１２０万円の枠が与えられる。要するに、**売却部分の再利用はできない**のだ。

気を付けたいポイントは、ＮＩＳＡ口座の期間は、５年を一区切りとした10年であることだ。５年目で最大になる６００万円分の投資をしていて、６年目に移行する時は、１年目に投資した非課税期限切れとなる１２０万円を、課税される一般口座か、６年目のＮＩＳＡ口座へ移動させる選択が可能だ。

ＮＩＳＡ口座の概要を左図にまとめたので参考にしてほしい。

NISAのメリットは非課税枠にある

長期投資を目指す人には魅力的

平成 26 年 1 月からスタートした NISA とは、上場株式や株式投資信託等の配当金及び売買益を非課税にする制度である。

NISAの非課税枠は繰り越せる

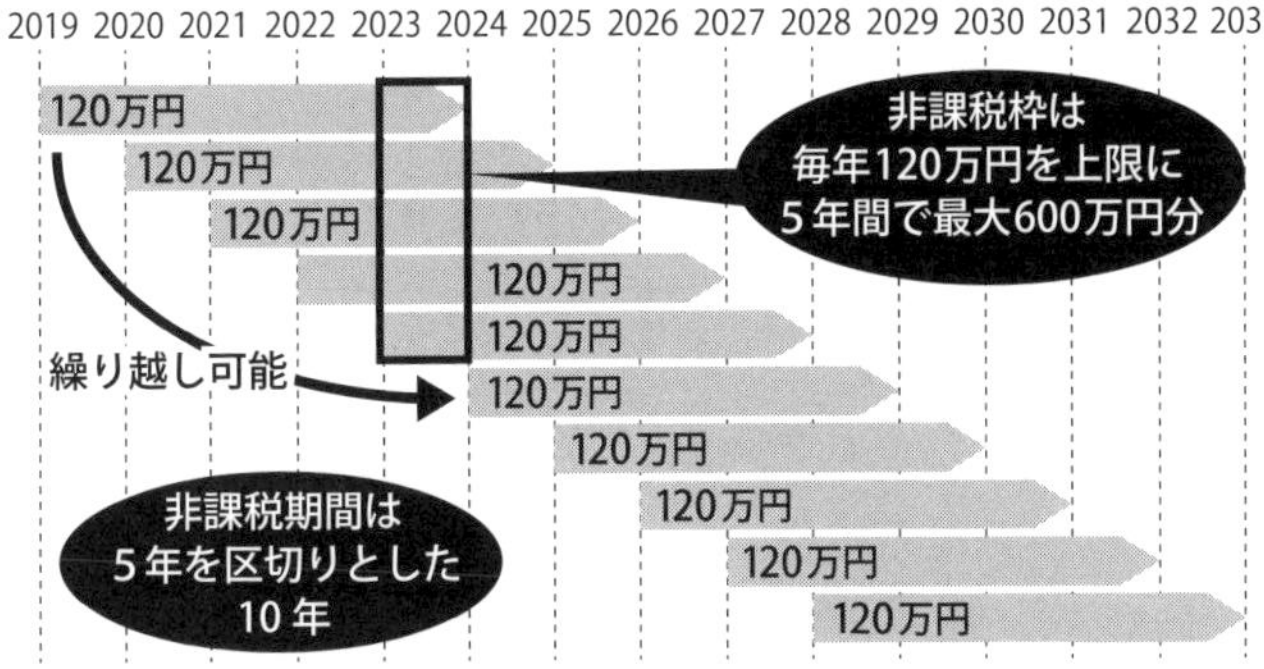

【例】

2019 年に120万円投資 → 2023年末に非課税期間が終わる → 2024 年分に繰り越す または 一般の口座（課税あり）に移す

NISAの概要

概要	上場株式や株式投資信託の配当金および売買損益等が 5 年間非課税になる
対象者	日本国内在住の 20 歳以上の方
開設	証券会社や一部の銀行に 1 人 1 口座
非課税枠	毎年120万円が上限（未使用分の翌年以降は繰越不可）
口座開設可能期間	10 年間（2014 ～ 2023 年）
途中売却	自由（ただし、売却部分の再利用は不可）

株を買うと世界が変わる！

株式投資の魅力⑥

海外旅行をしていて街を見渡すと、日本食・アイドル・アニメを見つけることができる。日本企業の看板も目につくし、海外の人達が日本のことをよく知っていることに驚く。円を現地通貨へ両替する時などは、円の強さに「日本人でよかった」と思う。グローバル化の一言に尽きるが、投資を始めると、そのことを国内にいても理解できるようになる。投資とは、旅と同じく、**国境のないグローバルな世界観**を持つものなのだ。

リーマンショックが発生した時は、「海外の話なんて自分の生活には関係ない」と言う人がたくさんいた。しかし現実には、日本、中国、インドなどで世界同時株安が発生し、円高・リストラ・企業の連鎖破綻など、日本はもちろん世界共通で同じ現象が起きた。アベノミクスでも、日本の政権交代と経済政策がもととなり、世界同時に株が買われる展開となった。これらの出来事は、投資をしていると、あたり前のこととして受け止められるようになる。

株を買うと、企業ニュースをチェックすることから一日が始まる。電車の中では日本経済新聞を読んで、日本の問題に頭を抱えたり、国際ニュースを見て日本との隔たりを感じたりするかもしれない。

株取引を始めるということは、グローバル社会の一員になるのと同じ意味を持つのだ。そして、お金とは、「必要な物を買うためのもの」という考えから、**「グローバルに経済や人の暮らしに影響を与えるもの」**という価値観に変わる。株を知ることは世界を知ることにもつながる。今まで見落としがちだったニュースが興味深く見えてくるのも株式投資を行うメリットの一つだろう。

世界へアクセスせよ

投資とは果てしなく夢のあるもの

学生時代を終えて社会へ出た時、家庭を持つ時、海外で一人の生活者となる時、自分と経済との関わりを垣間見ることになる。一つの会社が投資によって成り立つのならば、その投資の連鎖が世界を構築していると言える。

お金の価値観が大きく変わってくる

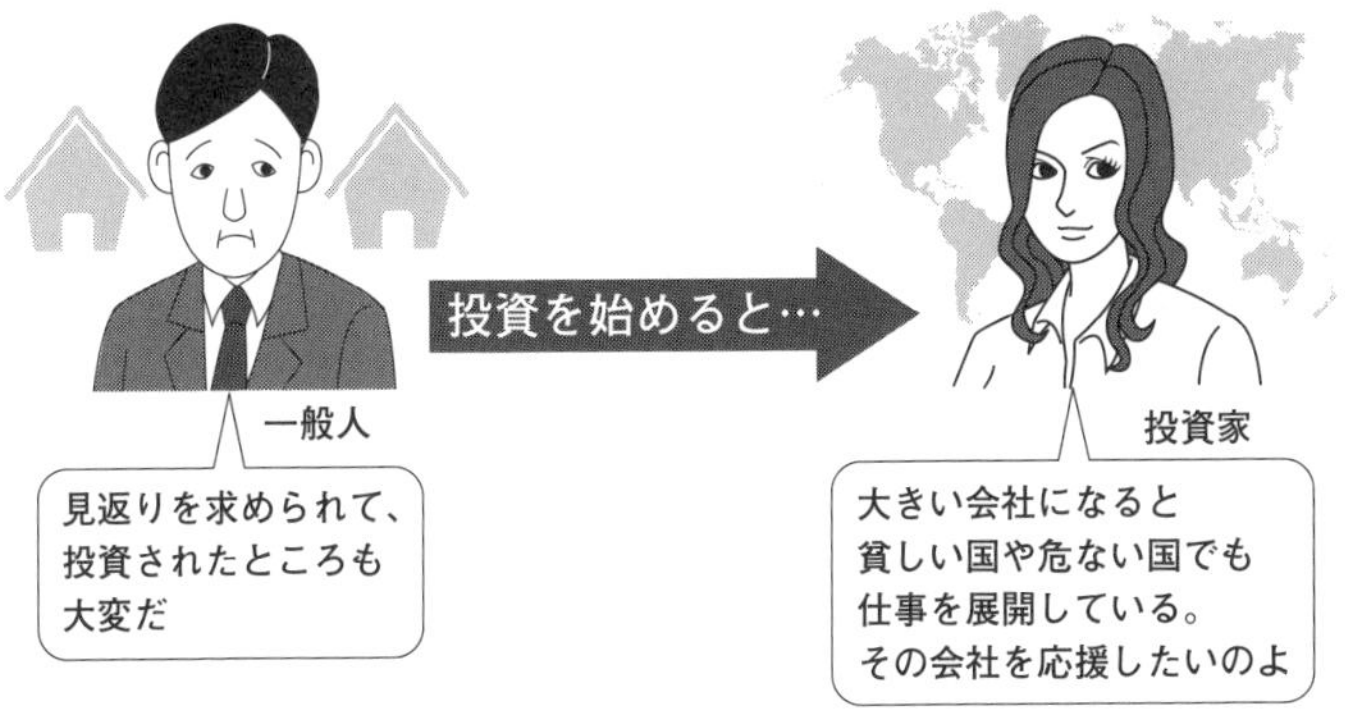

グローバル化で世界も変わる

日本は戦後に国際社会からの投資で経済復興を成し遂げた。世界銀行からの投資で東海道新幹線・首都高速道路などのインフラを整備したのは有名。この日本の成功と支援の有効性から、今では民間企業や個人からの投資が世界の食と安全な暮らしを支えている。

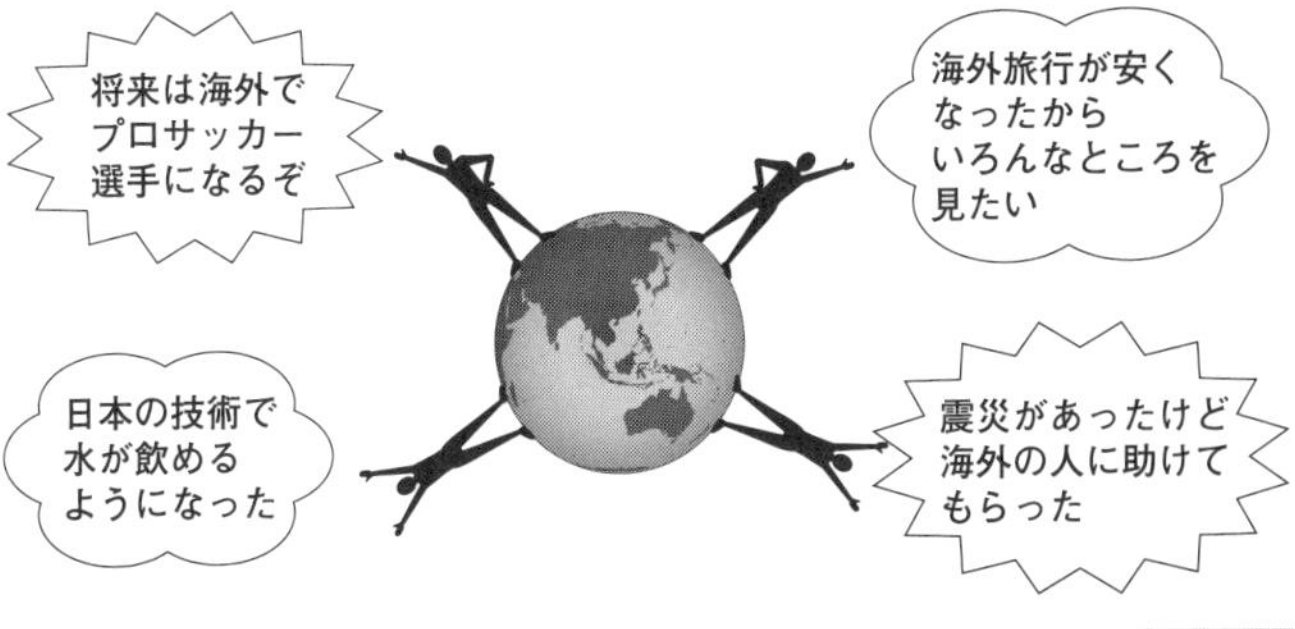

グローバル化は投資から始まり人と文化の絆を結んでいる

第２章
未知の扉を開け！
──ネット証券で口座を開く

自分に合った証券会社を選ぶ

株を買うのに資格は必要ない。サラリーマン・学生・主婦、誰でも口座を開設して取引に参加できる。しかし、退職金を運用する高齢者と、投資サークルの学生とでは、取引の頻度や場所が違うはずだ。各証券会社の特徴を理解し、**自分に合った証券会社で口座開設すべき**である。

主なサービスの違いは、手数料・取引ツールの使いやすさ・投資アドバイスの有無・モバイル環境の有無で、取引スタイルに合わせて優先順位を決めるとよいだろう。

なお、中長期の保有を目的としたスタイルを**「スイングトレード」**、短期に売買を繰り返すスタイルを**「デイトレード」**と分けることができる。店舗がある証券会社では、投資アドバイスのサービスの有無で口座が2つに分かれている場合がある。ネット取引専用の口座と、店頭取引専用の口座だ。

そして、最近の主流は**ネット取引専用口座**の方である。アドバイスのサービスがないかわりに、手数料が安いというメリットがある。デイトレードには必須だし、スイングトレードでも週に1回以上取引するなら、ネット取引専用口座の手数料の安さは魅力的である。さらに、証券会社が取り扱う金融商品には、株式・投資信託・先物やオプション取引（デリバティブ）・外国為替証拠金取引（FX）などがある。

スイングトレードでは、より大きな投資額で、株式以外の金融商品でのリスク分散や、幅の広い投資をする必要が出てくるかもしれない。その場合は、店頭取引専用のコンサルティングサービスを利用し、投資アドバイスを受けた方がよい選択となることもある。

株取引は
証券会社の選択から始まる

複数の証券会社で口座を開くことも可能

証券会社の選択は、これから始まる株取引の収益に大きな影響を与える。資産設計をコンサルタントと相談して行うか、自分ですべて行うかの２つの選択肢がある。

ネット証券と街の証券会社の使い分け方

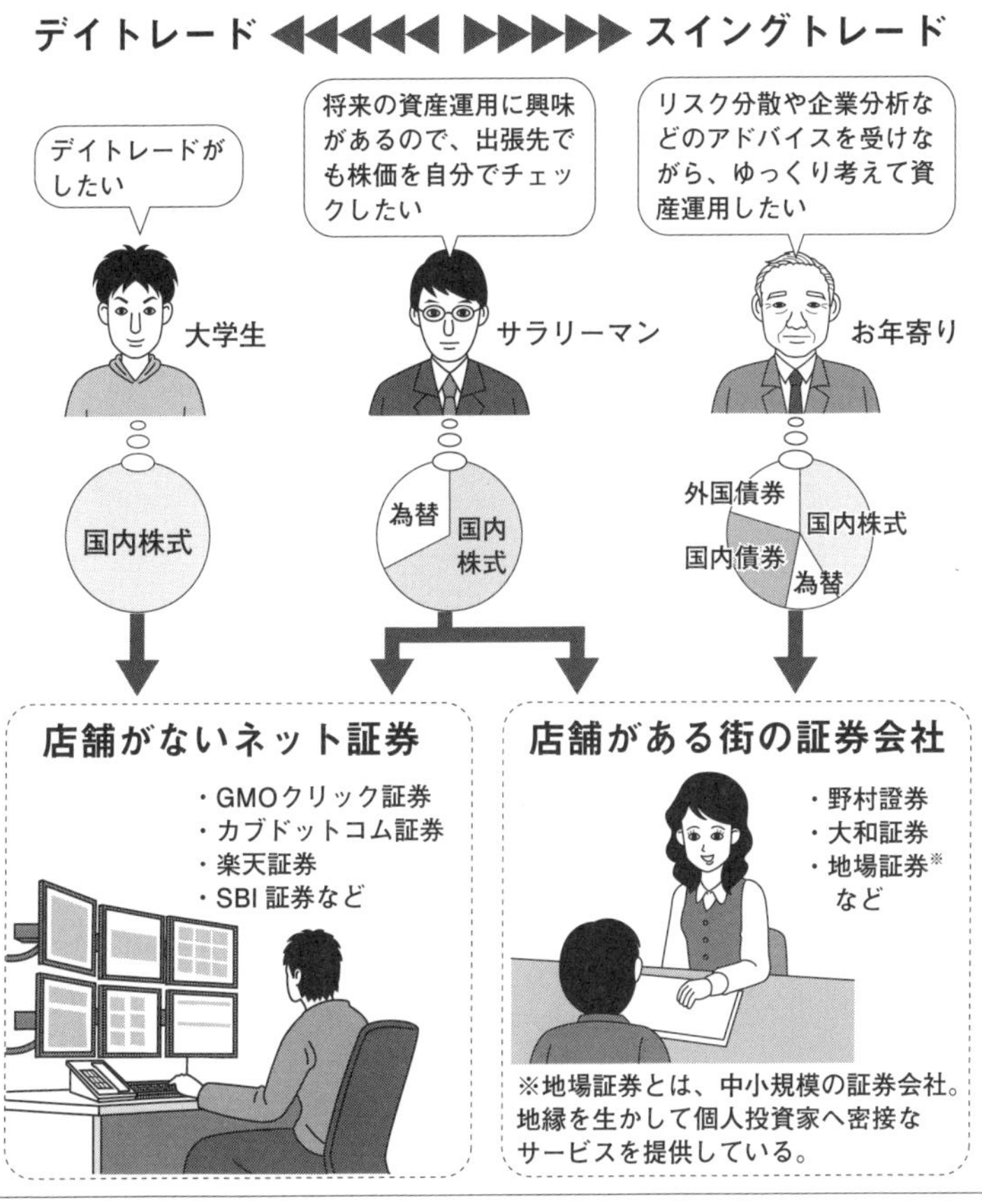

ネット証券のメリットとデメリット

ネット証券のノウハウ②

平成11年に実施された株式売買委託手数料の自由化で、それまで固定だった手数料が証券会社で自由に決められるようになった。これを受けて店舗を持たないネット証券が誕生して、手数料の安さを売りに個人投資家のシェアの大半を得た。驚くことに、20年近く経った今でもなお、ネット証券会社間の競争により、手数料は下がり続けている。

ネット取引を始めるには準備が必要だ。インターネット回線とパソコンを用意したら、取引専用口座を開設し、取引するツールをインストールして、その使い方を習得する（ツール操作のサポートデスクはある）。そして、投資する会社を選び、業績の分析をやるという環境だ。

ひと通りのプロセスについては本書でマスターできるが、その先の発注・株の管理は、**すべて自分一人の責任で行う**ことになる。証券会社の窓口で相談しながら、対面で行うのとはまったく異なる。しかしすべて一人で行うことで得られる知識は、決して無駄にはならない。投資を続けるうえで必ず役に立つだろう。

ネット取引専用口座は、**口座維持管理費が0円**なので、いくつかの会社で口座開設をして取引ツールを使い分けたりもできる。例えば、手数料の安いライブスター証券で株の取引だけを行い、ふだんは、カブドットコム証券のツールでチャート分析をするといった使い方だ。そして、最近では、スマートフォン、タブレット端末で簡単に取引ができるようになった。外出先でニュースや相場のチェック、売買も可能だ。海外旅行へ行ってもネットにさえつながれば、**緊急時に対応できる**のは、大きなメリットである。

多くの個人投資家は ネット証券を選択

投資環境は時代と共に多様化している

ネット証券は手数料が安く、場所を問わず取引できる。しかし、取引自体が主体となって本来の投資という目的を見失うこともあるので、注意が必要だ。

ネット証券のメリット

手数料が安い

口座維持手数料0円

10万円の取引1回にかかる手数料(税別)
ライブスター証券…80円～
SBI証券…90円～
(ともにスタンダードプラン)

モバイルで取引ができる

パソコン・スマートフォン・
iPhone・iPad・Androidタブレットなど

ネット証券のデメリット

すべて自分1人で行わなければならない

取引環境の構築

情報収集

銘柄管理

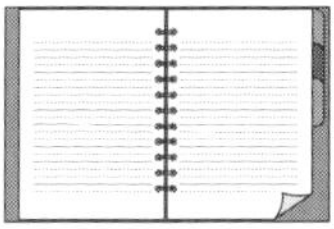

ネット証券おすすめランキング

		手数料	モバイル取引	ニュース情報量
No.1	SBI証券	◎	◎	◎
No.2	ライブスター証券	◎	◎	○
No.3	松井証券	○	◎	○
No.4	カブドットコム証券	○	○	◎

ネット証券のノウハウ③

ネット証券で口座を開設する

ではさっそく、ネット証券で口座を開いてみよう。まず、本人確認書類（運転免許証・各種健康保険証・住民票の写し・パスポート等から一つ）の準備が必要だ。提出方法は、画像アップロード、メールへの添付、郵送から選べるので、デジタルカメラ、スキャナー等で身分証のデータ化をしておく。

インターネットで証券会社のホームページを検索し、手数料・ニュース欄の充実度・取扱商品など、最新の情報を確認したら、気に入ったところの**「口座開設」**をクリックする。ホームページの誘導に従って、約款・規程等の「契約締結前交付書面」の同意ボタンにチェックし、「口座開設申込書」で住所・勤務先・内部者登録・特定口座開設区分・投資目的と経験をＷＥＢ上で記入・選択していくだけでよい。

内部者登録とは、上場会社に勤める人やその関係会社に勤める人、または顧問弁護士や税理士など、その会社の重要事実を知ることができる立場にある人をあらかじめ証券会社に登録しておくことで、インサイダー取引を未然に防ぐ目的がある。特定口座開設区分（源泉あり、源泉なし）の選択は、税金の支払い方に関係してくるので、次の項目で詳しく見ていく。

そして、記入が終わったら、事前に用意した本人確認書類を、指示された方法で提出して終了だ。ＷＥＢ上で記入した「口座開設申込書」を郵送で提出する場合もあるが、インターネット上で、簡単に口座開設ができてしまうのだ。しかし、実際の取引には、ユーザーＩＤとパスワードが必要だ。1～2週間前後に家へ郵送される**「口座開設完了通知」**に記載されているので、取引の準備をしながら待つのがよいだろう。

口座の開設はかんたん

NISA口座・FX口座も同時に開設できる

ネット証券の口座開設は、WEB上で必要事項を記入して、郵便で開設完了通知が届くのを待つ。どこのネット証券でも同じ流れだ。ただし、特定口座区分だけは次の項目で確認しておこう。

口座開設の流れ

1. 必要な書類を用意する

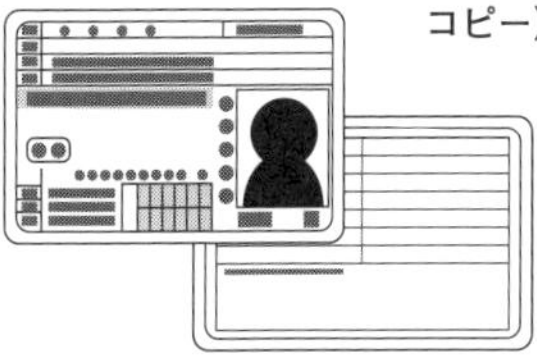

【書類】免許証（両面コピー）・健康保険証（両面コピー）・住民票の写しなどからひとつ

・Web上で可能な場合…
デジカメ・スキャナで写しを用意→メール添付・アップロード
・郵送のみの場合…
コピー機で写しを用意→送付

2. 証券会社のホームページから口座開設

【主な入力項目】
・住所・氏名・勤務先（無職可）
・内部者関係者区分の選択（勤務先が上場企業の場合のみ）
・出金先銀行口座（自分の銀行口座）
・特定口座開設区分の選択（税金の源泉徴収の有無）
・投資に関するアンケート（経験・目的・金融資産を記入）

NISA口座とFX口座もチェックするだけで同時に開設できる

3. 口座開設手続完了の通知

1～2週間

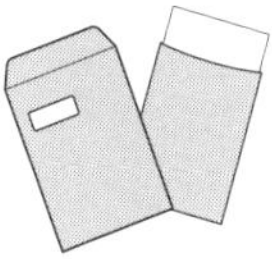

本人限定受取郵便なので、本人が受け取る。ユーザーID・パスワードをチェックする。

4. ログインして取引開始

初期パスワードはログイン後に変更する。登録情報・入出金方法をチェックする。

口座タイプは税金の払い方で選ぶ

ネット証券のノウハウ④

いざ「口座開設申込書」に記入していくと、「特定口座（源泉あり・源泉なし）」・「一般口座」という項目の選択で手が止まるかもしれない。この項目は、源泉という文字から分かるように、**税金の支払い**に関係している。株にかかる税金の率は、約20％（所得税約15％、住民税5％）である。納税額は、1年間（1月1日～12月31日）のすべての利益から損失を引いた**譲渡損益**に対して計算する（株を保有したままでは納税義務は発生しない）。

一般口座と特定口座（源泉なし）の場合は、自分で**確定申告**しなければならない。その際、一般口座は収支計算を自分で行う必要があるが、特定口座（源泉なし）であれば、「年間取引報告書」を証券会社がPDF等で用意してくれるので、収支計算が楽になる。そして、**特定口座（源泉あり）**ではもっと楽になる。この口座で取引をすると、面倒な確定申告をしなくてよいのだ。株を決済するたびに、証券会社が株主に代わって源泉徴収してくれるのである。さらに、同一口座内での株の損益と配当金、投資信託の分配金の損益通算もしてくれる。要するに、**面倒な納税作業をすべて証券会社に「おまかせ」できてしまう**のだ。

しかし特定口座（源泉あり）でも確定申告をするべき場面が二つある。一つめは、複数の口座で取引して損益通算する場合だ。例えば、A証券の口座で50万円の利益が出て自動的に10万円が源泉徴収された後、別のB証券の口座で30万円の損が出た場合、**確定申告して損益通算**すれば、損をした30万円分の税金6万円が還付される。二つめは、年間の取引がマイナスだった場合だ。その年の損失を翌年から3年間繰り越し、その後出た利益と損益通算できるので覚えておこう。

確定申告を自分でする？　しない？

特定口座で源泉徴収ができる

株にかかる税金は約20%。自分で確定申告する場合、納税額は1年間の取引における利益から損失を引いた「譲渡損益」に対して計算する。1月に証券会社から届く「年間取引報告書」を使えば計算が楽になる。

口座のタイプによって納税のしかたが変わる

年間取引報告書	証券会社が用意してくれる	証券会社が用意してくれる	自分で取引履歴から計算して作成
税金の納め方	株を決済して利益が出るたびに証券会社が納めてくれる	年間取引報告書を使って自分で確定申告する	自分で確定申告する

年間取引報告書があると収支計算が楽

年間取引報告書

昨年の損益は
+30万円　です

→

税率…所得税約15%＋住民税５%＝約20%

納める税金は６万円

計算が楽！

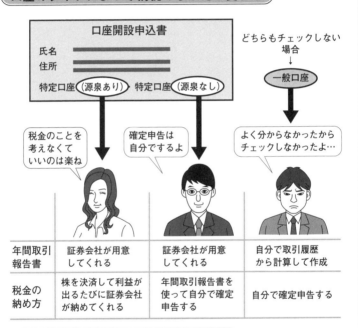

株にかかる税金を安くする方法

ネット証券のノウハウ⑤

ここでは、前項で触れた税金について、知っておくと得をするポイントをまとめたので、紹介したい。

ポイント① サラリーマンは、株による利益が20万円までなら所得税は発生しない

仕事をしていて給料所得（年収2000万円以下）がある人や、退職所得がある人は、株取引による所得が20万円までなら所得税約15％の納税が免除になり、住民税5％だけの納税でよい。このためには、初めから「一般口座」か「特定口座（源泉なし）」で口座開設する必要がある。

ポイント② 株の損失と配当金で損益通算

株の売却損がある特定口座で配当金を受け取ると、自動的に損益通算される。例えば、株で10万円の損を出してしまった口座で配当金10万円を受け取ると、配当金にかかる税金は源泉徴収されるが、あとで自動的に口座へ返ってくるのだ。

ポイント③ 複数口座の損益通算

複数の口座で損益通算する場合は、確定申告が必要になる。例えば、A証券の「特定口座（源泉あり）」で利益、B証券の「特定口座（源泉なし）」で損失が出た場合、確定申告すれば損益通算され、払い過ぎた税金が還付される。

ポイント④ 株の損失は3年間持ち越せる

年間の取引がマイナスだった場合、確定申告すれば、その年の損失を翌年から3年の間に出した利益と損益通算できる。

節税のポイントはここだ

損失が出たら必ず利益と合算する

株で損失を出した口座で配当金を受け取ったり、口座間の損益通算をしたりすることで節税ができる。損失額を確定申告して繰越控除することも可能だ。

利益が20万円未満なら申告不要

サラリーマン
（年収2000万円以下）

特定口座（源泉なし）

年間取引報告書
昨年の損益は
+18万円　です

申告不要

株と配当金で損益通算

配当金10万円
配当金5万円
株の収益50万円
株の損失-60万円

特定口座（源泉あり）
配当金15万円
株の損失-10万円

10万円分の過納額が口座へ還付される（翌年1月）

口座間で損益通算

A証券の特定口座（源泉あり）+50万円 ＋ B証券の特定口座（源泉あり）－50万円

利益0円

確定申告すればA証券で源泉徴収された過納額が還付される

株の損失は3年間持ち越せる

今年の損失 -50万円 → 損失額を確定申告 → 来年の利益 +50万円 → 納税額0円！

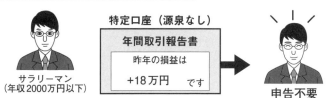

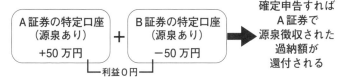

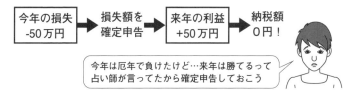

信用取引口座開設のポイント

ネット証券のノウハウ⑥

信用取引口座を開設した場合、株を買う注文を出す前に、**「現物取引」**か**「信用取引」**のどちらを使うのかを決める必要が出てくる。

例えば、自分の証券口座に30万円入金したとすると、現物取引で買えるのは30万円以内の株となる。普通に株を買うという時はこちらが前提になるだろう。一方、信用取引の場合は、委託保証金（証拠金）30万円を口座に入金したら、**「レバレッジ」**によって、その3倍の90万円分の株が買えてしまう。信用取引とは、要するに、**証券会社から資金を借りて売買する取引**のことである。そして**「委託保証金率」**というものがあるため、口座の残金は、取引額の20～30％を維持しなくてはならない。株が値下がりしてこれを割り込んだ場合、追加入金するか、買った株を売却して、委託保証金率を回復させる必要が出てくるのだ。

信用取引の口座開設はオプションである。一般口座や特定口座を開設した後に、ゆっくり考えてから追加することができる。信用取引の口座開設には、WEB上のチェックテストと、投資経験が浅い場合は電話での簡単な審査がある。一度審査で断られると、3ヵ月以上は再申し込みできない場合が多いので、しっかり準備をして進めるべきだ。

一般的な審査基準は、現物取引経験が1年以上、100万円以上の金融資産、信用取引のリスクについて理解していること、そして**投資資金はあくまで「余裕資金」であること**だ。これが最低ラインの条件となる。初めての人は少しハードルが高く感じるかもしれないが、取引の経験があれば必ず開設できる。

信用取引口座開設の条件

デイトレードに必須

信用取引口座を開設するには、株の取引・リスクについて熟知していることが条件となる。回転売買や空売りといった手法を追加するために、開設を考える時がくるかもしれない。

信用取引の特徴

資金が３倍になるとリスクとリターンも３倍になる

回転売買ができる

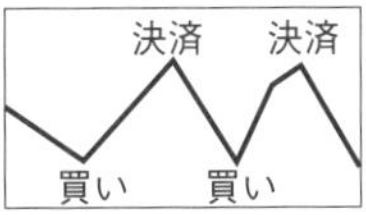

現物取引では余力の範囲内で回数が制限されている

空売りができる

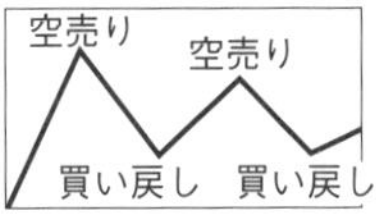

売った値段より下値で買い戻せば利益になる

空売りと回転売買はデイトレードに必須

口座の開設は証券会社のホームページから

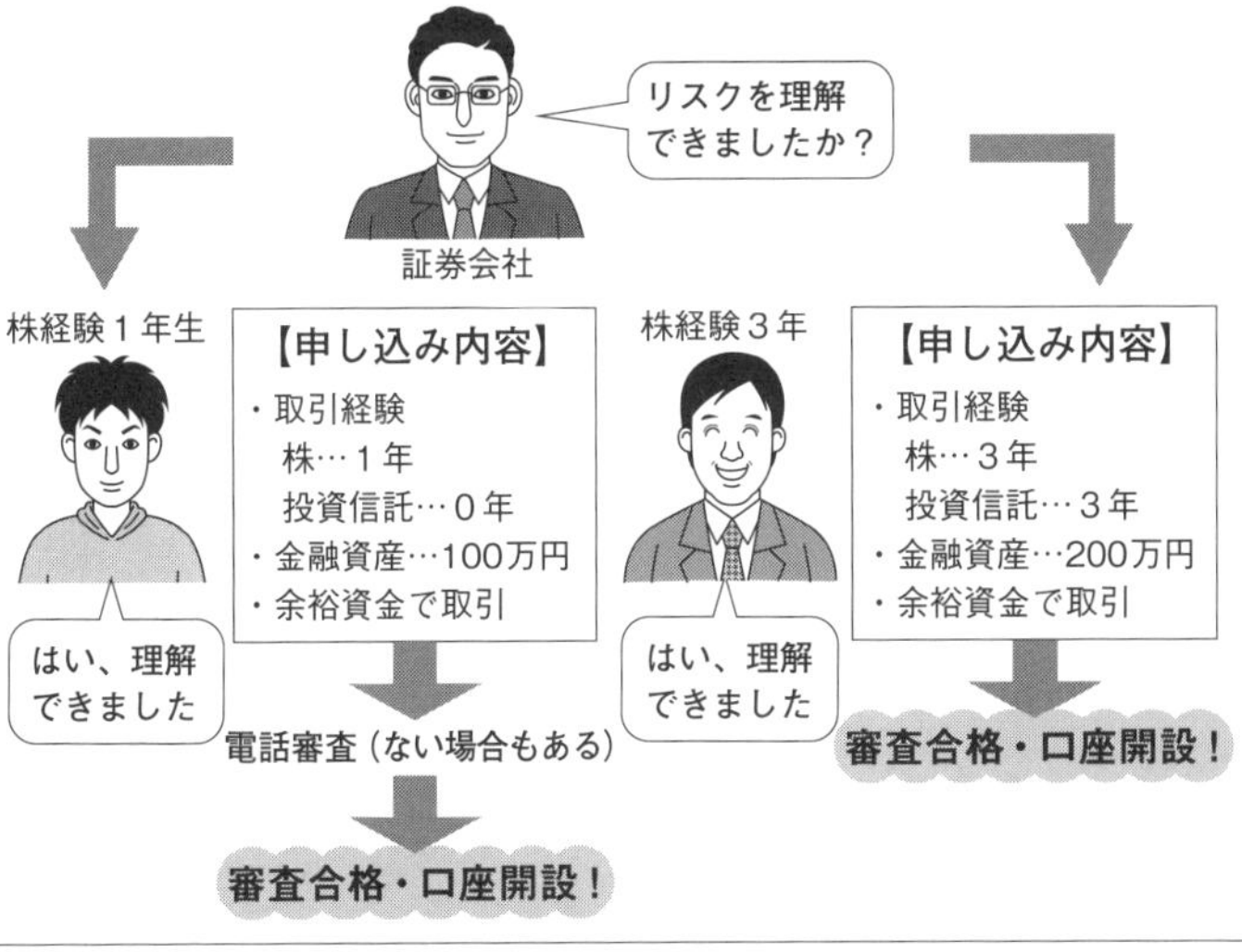

株を買う資金の入金・出金

ネット証券のノウハウ⑦

数年前は、証券会社を選ぶ際の基準で入出金サービス内容の違いは重要なポイントであったが、最近は、どこの証券会社も大きな差はなく、どこも便利になっている。

証券口座への入金は、**「振込入金専用口座への振込」**（振込手数料の負担あり）**「即時入金サービス」**（振込手数料無料）の2種類がある。どちらも、**必ず本人名義の銀行口座から振り込む必要がある**。他人名義の口座から振り込むと、証券会社から組み直しを銀行に依頼するよう指示されるので注意しなければならない。

振込入金専用口座への振込とは、顧客それぞれに設けられている指定口座への振込だ。「口座開設完了通知」や「ＷＥＢ上のマイページ」に、大手銀行の支店・口座番号が割り当てられているので、そこで確認できる。なお当日中に口座の現金残高へ反映させたい場合は、14時30分までにこの口座へ振込しなければならない。

即時入金サービスは、ネット証券で採用されている入金方法で、ネット上で入金を行うとリアルタイムに口座の現金残高に反映される。手数料無料で、時間を問わず、夜間であっても即時に口座に入金できるので便利だ。このサービスを利用するには、インターネットバンキングの口座を持つ必要がある。

その他に、信用取引などで発生した証券口座の不足分を、自動的に銀行口座から補うオートチャージ機能がついたサービスもあるが、お勧めはしない。やはり、お金は自分で管理すべきである。

なお、「出金」については、ネット証券ならどこも同じだ。ＷＥＢ上で出金依頼をすると、あらかじめ指定した銀行口座に振り込んでくれる。基本的に、振り込まれるまで2営業日かかると覚えておこう。

証券口座は銀行より安全な預金先

入金はリアルタイム、出金は２営業日

証券口座は預金が区別管理されていて、全額補償され、ペイオフの対象ではない。また、安全な預金機能も備えている。証券口座と銀行口座で出し入れが多くなる人は、便利な即時入金サービスに対応させておこう。

即時入金サービス

●●証券
マイページ
- 入出金
- 銀行振り込み
- 即時入金サービス

①ここをクリック

②金融機関を選んで各金融機関のWEBページで入金する

【対応銀行】
・みずほ銀行　・楽天銀行
・三井住友銀行・三菱東京 UFJ 銀行
・りそな銀行　・住信 SBI ネット銀行
・ゆうちょ銀行　など

※ネット上で残高確認や振込ができる銀行口座（ネットバンキング口座）を作っておく

③入金後、リアルタイムで口座へ反映される

●●証券
マイページ
口座残高詳細

現金（余力）	100,000 円
振替可能額	100,000 円

手数料は無料

銀行振込サービス

●●証券
マイページ
- 入出金
- 銀行振り込み
- 即時入金サービス

①ここをクリック

②自分専用の指定口座へ金融機関の窓口のATMから振込を行う

振込入金（お客様から当社）
●●銀行　東京支店
口座番号　※※※※※

手数料は自己負担

出金サービス

マイページで出金を指示すれば、口座開設時に登録した自分名義の口座へ２営業日ほどで出金される

手数料は無料

ネットバンクは手数料無料でとても便利！

第3章
銘柄選びは楽しい
——どんな会社に投資すべきか

銘柄選びのノウハウ①

株主優待制度で選ぶ

株主優待制度は、勝負の世界から一歩離れている。プロも初心者も同じ目的で、一つの確定した利益のために株を買うのだ。優待目的で会社を選ぶのは、**理にかない、何よりも楽しい**。

株主優待制度とは、年に1～4回、投資した会社やそのグループ企業の様々な特典がもらえる制度である。これを利用して生活コストを下げられることが魅力なのだ。会社によって、ネットの通信費の割引・電車の定期代の割引・お米券・店舗の利用権など、いろんな優待を提供している。「株主優待で悠々自適」などという名のホームページを覗くと、実際、優待でかなりの生活コストをまかなっている人もいるようだ。

買いたい銘柄に、株主優待があるかどうか、そして年に何回もらえて、何株買えば権利が得られるのかは、その会社のホームページや証券会社の企業情報ページ、「Ｙａｈｏｏ！ファイナンス」などでも調べられる。

気をつけたいのは、**株主優待の権利を得るには「権利付き最終日」までに株を買って持っていることが条件**であることだ。この翌日は「権利落ち日」、さらに2営業日後が「権利確定日（決算日）」と呼ばれる。権利付き最終日から権利確定日まで3営業日あるのは、実際に、株主名簿を書き換える時間が必要だからだ。権利付き最終日も会社のホームページや、証券会社の企業情報ページなどで調べられる。

株を買ったら、あとは待つだけだ。証券口座を開設した住所で**株主名簿に登録**され、多くの場合、その住所あてに宅配で特典が届く。優待の種類によっては、株主専用サイトでポイントを得るタイプや、郵便で届くカタログから商品を選ぶタイプなどもある。

企業から株主へのプレゼント

日常の生活コストを補う楽しみがある

優待を受ける権利を得るには、企業が指定した最小保有枚数等の条件を満たす必要がある。よって、最小投資額でいろいろな優待をもらう分散投資が基本になってくる。

株主優待を受けるためのプロセス

権利付き最終日までに株を買っておけば、株主名簿に登録される。あとは、株を持ち続ける限り優待を受ける権利が発生する。

権利付き最終日 →（翌営業日）→ 権利落ち日 →（3営業日後）→ 権利確定日(決算日)

株を買う

年に1、2回優待をもらう権利を獲得!

株主として登録!

優待で選ぶオススメ企業

食で優待割引

吉野家ホールディングス
食券3,000円相当(年2回)

プレナス
食券2,500円相当(年1回)

ワタミ
食券3,000円相当(年2回)

コロワイド
優待ポイント1万円相当(年4回)

製品で優待割引

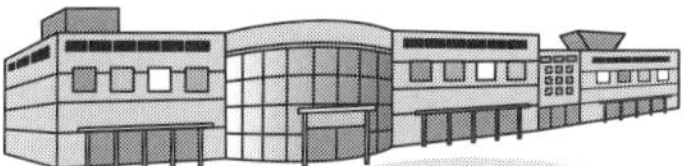

イオン
3%キャッシュバックの「オーナーズカード」

ビックカメラ
買物券3,000円相当

移動で優待割引

全日空ANA
国内運賃50%オフ1枚
ホテル・旅行プラン割引1冊
(年2回)

スターフライヤー
国内運賃50%オフ3枚
(年2回)

配当金でまったり長期投資する

銘柄選びのノウハウ②

配当金を受けることは、株主の権利の一つで、株主優待制度とセットで考えることが多い。なぜなら、配当金をもらうためには、株主優待制度と同じく、**「権利付き最終日」を含む、その日までに株を買って持っていることが条件**だからだ。そのため、配当の権利を得た翌日（権利落ち日）にすぐ株を売却してもその回の配当は得られる。しかしこのことは、権利落ち日に配当分だけ株価が下落してしまう要因になっているので、**配当金狙いの投資は長期投資が基本となる**。

株を買えば、会社が利益を出し続ける限り配当金をもらえる。実際に配当金を手にできるのは、「権利付き最終日」後に開催される株主総会が終わってからになる。受け取り方は、家に届く郵便為替等を郵便局や銀行に持っていく方法と、あらかじめ証券会社のマイページで受け取り口座を指定する方法の2種類がある。

配当金狙いで銘柄を選ぶのに便利な指標が**「配当利回り」**である。これは、配当金の情報と一緒に、証券会社の企業情報ページや「Ｙａｈｏｏ！ファイナンス」等で調べられる。できれば3％以上ある銘柄を選びたいが、株価が高くなっていると利回りも下がるので、「株価が安くなったら買う」という銘柄リストを作っておくとよいだろう。

そして、長期投資が基本となれば、やはり安定した企業が理想だ。日本の強みである自動車関連（トヨタ・日産など）や、為替や海外の影響をできるだけ避けた通信・薬品（ＮＴＴドコモ・武田薬品工業・エーザイなど）等の内需関連銘柄が高配当であり、候補リストにあがってくるはずだ。

配当金は投資の醍醐味

配当利回り３％以上の銘柄は多い

株を持っていると、会社の利益の一部を配当金という形で受け取ることができる。配当金をもらう権利を得るには、優待と同じく「権利付き最終日」までに株を買って最低１日でも保有するという条件がある。

配当金受け取りのプロセス

権利付き最終日 →（翌営業日）→ 権利落ち日 →（３営業日後）→ 権利確定日（基準日）

株を買う

権利だけとったらすぐ手放すよ

年に１、２回配当金をもらう権利を獲得！

株主として登録！

配当利回りはどう動くか

株価が下落すると…

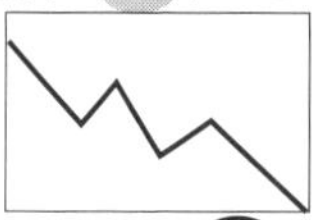

配当利回りは上昇する

株価が上昇すると…

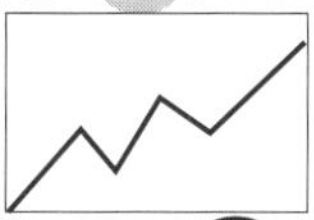

配当利回りは下落する

株主優待・配当金の権利を得た後に株を手放す投資家が増えて株価が下落することもあります

配当金で選ぶオススメ企業

銘柄名	配当利回り	最低必要投資額	配当金
日産自動車	6.02%	9万1,400円	5,500円
キヤノン	4.95%	31万3,400円	1万5,500円
住友商事	4.27%	16万6,300円	7,100円
積水ハウス	4.87%	16万2,200円	7,900円
武田薬品工業	4.00%	44万9,000円	1万8,000円
NTT	3.40%	47万円	1万6,000円

※最低必要投資額…株価 × 売買単価

（2019年1月30日現在）

リスクなしで株主優待を取得する

銘柄選びのノウハウ①

株主優待を探しているとあれもこれも欲しくなるものだが、そうできない理由は**値下がりリスク**である。優待が欲しくて株式を買っても株価が下がってしまえば元も子もないのだ。そこで、前章（42ページ「信用取引口座開設のポイント」）で説明した信用取引を使って株主優待をリスクなく取得する方法があるので紹介しておこう。

口座を開設して与えられる総合口座とは別に信用取引口座を開設する。前章で説明した通り、信用取引には株価が下落したら利益になる空売りといった手法がある。なら、株式を普通に買う注文（現物の買い）と、信用取引の空売り注文を同時に行ったらどうなるだろうか。例えば、株価100円の株式を買って、同じ値段で空売りした場合、いくら株価が上下しても2つのポジションの損益合計は変化しなくなる。株価が90円に値下がりしても普通の買いがマイナス10円、空売りがプラス10円となって**差し引きゼロ**なのだ。

これを権利付き最終日（48ページ「株主優待制度で選ぶ」参照）までに、優待が欲しい銘柄それぞれに実施する。そして、翌日の朝の寄り付きで買った株式と空売りの2つのポジションを同時に手放してしまえば優待タダ取りの成功である。おおよそ4ヵ月で優待の品々が家に届く。

注意するポイントは、朝の寄り付きで約定するように発注することである。そうすれば、組む時も決済する時もピッタリと同じ価格で約定する。そして、逆《ぎゃく》日《ひ》歩《ぶ》のコストを避けるために、空売りは**一般信用取引**で行うことである（136ページ「信用取引のメリットとデメリット」参照）。

ここで紹介した優待タダ取りは証券会社が問題なく許可しているやり方なので活用していこう。

信用売りを使って株主優待を頂戴する

毎月ある株主優待を狙い撃ち

値下がりリスクを除外して優待だけをいただく泥棒ネコのようなやり方であるが、時おり証券会社のホームページでも話題となる、許可された手法なのだ。

買いと信用売り注文を同時に発注

1・成行注文を出す（権利付き最終日前夜〜当日9時まで）
2・取引開始（寄り付き）に同じ価格で約定する
3・翌日に成行注文で全決済

サイゼリヤ（7581）
株主優待：2,000円食事券

売気配	価格	買気配
100	2013	
800	2012	
15	2011	800
	2010	200
		300

100株 信用売り！（成行注文）→ 800（2012）

100株 通常の買い！（成行注文）→ 800（2011）

朝9時に約定

値下がりリスクがゼロの仕組み

信用売り株	株価	通常買い株	合計
−12円	2020	+12円	+0円
信用売り株	2012	通常買い株	
+12円	2000	−12円	+0円

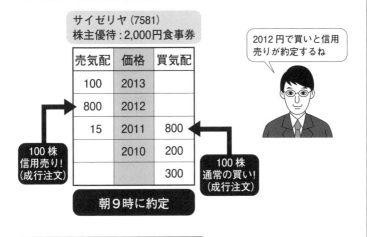

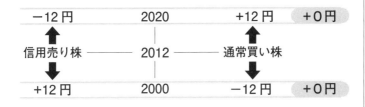

お気に入りの会社のリストを作る

銘柄選びのノウハウ③

ここまで株式投資の魅力を見てきたが、この辺りから徐々に、広義な「会社」という言葉が、良くも悪くも**「銘柄（会社の株式）」**という狭義な単語に変わってくる。

投資家は1社にだけ投資するのではなく、良い会社があれば何社にでも投資したいものだ。カードゲームのように、強いカードを集めていくと、自分の手口として勝負する「銘柄リスト」が自然と作られてくるはずである。これが、後にもっと広くグローバルな目線につながっていく。アメリカのアップルや中国のペトロチャイナだって銘柄だし、国を一つの銘柄として、国債を銘柄リストに加えることだってできるのだ。

銘柄は**コード番号**でも示される。例えば、トヨタの会社情報を調べるには、証券会社のトップページの株価検索で「トヨタ」と入力してもよいが、銘柄コード「７２０３」と入力しても検索できる。似たような名前の会社が多い中、銘柄コードで入力すれば間違いも防げる。そして、銘柄コードの最初の1ケタめと2ケタめで業種が分かるようになっている。例えば、72番台は輸送用機器なので、７２０１は日産自動車、７２０２はいすゞ自動車という具合だ。

銘柄リストは、証券会社が提供している「お気に入り銘柄リスト」を使ってもよいが、ノートやエクセルを用意して自作するのが一番良い。銘柄リストには、銘柄コード・銘柄名・株価・業種別カテゴリーは最低限必要である。さらに、優待・配当金・決算日・株主総会日程などの企業情報の他に、長期投資・短期投資・値上がり期待などの投資目的など、戦略的なことも明記すると管理がしやすいだろう。

資産運用として
中長期の戦略をたてる

株を買う理由と目的から始まる

配当・優待を狙う長期投資の銘柄と、値上がり益を狙う中長期の銘柄は分けて戦略をたてるのが基本だ。最初はどちらか一方に決めて投資に慣れることから始めよう。

コードと業種の関係

各銘柄が持っているコードを見ると、業種が分かる。
代表的なものとして以下がある。

コード	業種	例
1700 ～ 1999	建設	清水建設（1803）
2000 ～ 2999	食品	サントリー（2587）
4000 ～ 4999	化学・医薬品	アステラス製薬（4503）
6000 ～ 6499	機械	ダイキン工業（6367）
7000 ～ 7499	輸送用機器	本田技研工業（7267）
8300 ～ 8599	銀行・ノンバンク	三井住友フィナンシャルグループ（8316）

デイトレーダーは銘柄を次々に検索するからコードは便利だよ

お気に入り銘柄のリストを作る

お気に入り銘柄リスト

銘柄名／コード	業種	現在値	決算日	配当利回り
トヨタ自動車（7203）	輸送用機器	5,928円	3月末	2.87%

投資メモ	割当資金	数量
・長期投資 ・株価が下がって配当利回りが２％増えたら買う	50万円	100株

値上がり期待株

安くなったら買う銘柄

外国株　国債もOK

気になった銘柄はどんどんリストに登録しましょう
証券会社のホームページ上でも「ポートフォリオ」という名称で管理ツールが用意されています

銘柄選びのノウハウ④

会社の決算はいつ、どこで？

上場企業は、年に1回、本決算を発表して、3ヵ月ごとに四半期決算を発表する。例えば、3月決算の企業の場合は、3月末に前年度の業績を集計し、5月に本決算の発表を、6月、9月、12月に途中経過の業績を集計し、それぞれ約2ヵ月後に、四半期決算を発表する。

しかし、本決算の発表があったとしても、株主総会が開かれるのを待って、そこで内容を聞いていたのでは迅速に対応できない。さらに、その場で分厚い計算書類や報告書を手にしたところで、業績データの評価も難しい。そのため、投資家は、本決算や四半期決算の内容を**「決算短信」**と呼ばれるものでチェックしているのだ。株式投資では**決算＝決算短信**である。

決算短信とは、取引所が上場企業へ年4回の決算発表と同時に提出するように義務付けたもので、見やすい共通形式で決算の概要をレポートにまとめた決算速報である。上場企業のホームページにある決算資料で、過去の業績データも含めて入手できる。また、東京証券取引所のホームページの上場会社情報には「ＴＤｎｅｔ」と呼ばれる速報開示システムがあり、決算短信の他にもリアルタイムに企業情報が開示されているので、一度見ておくとよい。おまけで、日付ごとに決算発表の会社をまとめた一覧表もある。

決算短信の主な記載内容は、連結経営成績・連結財政状態・連結キャッシュフロー・配当の状況・連結業績予想である。連結という言葉は、子会社や関連会社からなるグループ全体を対象にするという意味だ。一つの会社の決算であっても、グループ全体の数字で確認することが基本なのだ。

株式投資では
決算＝決算短信である

決算シーズンは企業業績が焦点

決算短信とは、取引所が上場企業へ年４回の決算発表と同時に提出するように義務付けたもので、見やすい共通形式で決算の概要をレポートにまとめた決算速報である。

上場企業は四半期決算

上場企業は、１年を４期に分けて、３ヵ月ごとに決算短信で公表する。

３月末決算企業の場合

8月頃　第一四半期決算の発表①

↓

11月頃　第二四半期決算の発表②
別名：中間決算（＋①）

↓

2月頃　第三四半期決算の発表③
（＋①＋②）

↓

5月頃　第四四半期決算の発表④
別名：本決算　（＋①＋②＋③）

昨年１年間の総まとめ

平成○○年　決算短信（連結）

・連結経営成績
・連結財政状態
・連結キャッシュフロー
・配当の状況
・連結業績予想

投資の世界で決算発表とは、決算短信のことをいいます

持ってる株の決算は気になるな

東証のホームページや証券会社の決算スケジュール表で確認しておきましょう

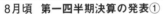

買う前に業績をチェックする

銘柄選びのノウハウ⑤

決算短信を使って投資判断をする上で、大切な指標の一つに**EPSの水準と伸び**がある。EPSとは**1株あたりの当期純利益**のことである。計算式は「当期純利益÷発行済株式数」で、このEPSを決算短信で探すと、最初の連結経営成績（前期）と、最後の連結業績予想（今期予想）にあるのが分かる。

EPSの特長は、1株に対する利益額で見るので、**会社の大きさを問わずに収益性が比べられる**ところにある。

例えば、同じ業種の発行株式数1億株のA社と、5000万株のB社が、同じ100億円の利益を出した場合、A社のEPSは100円、B社のEPSが200円となる。EPSの高いB社の方が、収益性の高い会社だと判断できる。そして、同じ利益を出していてもB社の方が株価も高いはずだ。よって、**EPSの水準＝株価の水準**と言える。

しかし、この段階では、「同じ業種で比べたところB社の方が安全だし、いいかな」というくらいの話で、買ってから株価が上がるか下がるかは別の話になってくる。そのためにEPSの伸びを比べてみる。

EPSの伸びを比べるのは簡単だ。連結経営成績（前期）と連結業績予想（今期予想）のEPSを比べればよいのだ。A社の予想が前期の2倍、B社の予想が前期の1倍の伸びだった場合、今は株価が安くても、いずれA社はB社と同じ株価になると期待できる。よって、**EPSの伸び＝株価の上昇期待**となり、投資価値はA社に軍配があがる。当然、EPSの水準と伸びが両方とも高い別のC社が見つかれば一番良い。

1株でどれだけの利益を出せる会社？

EPSの水準・伸び＝株価の水準・伸び

決算短信の1ページ目の記載内容を見れば企業の状況が分かる。前年同期から今期予想で売上、営業利益、そして何よりEPSが伸びている力のある会社ならば安心だ。

EPSの調べ方

平成26年　決算短信

〇〇株式会社

1. 平成26年度3期の連結業績
   売上高　営業利益…1株あたり当期純利益
2. 配当の状況
3. 平成27年度の連結業績予想
   売上高　営業利益…1株あたり当期純利益

証券会社サイトの企業情報ページ

【参考指標】
・発行済み株式数
・配当利回り
・PER
・EPS

今期の予想EPS　前期のEPS

EPSの水準と株価

EPS（1株あたり当期純利益）＝当期純利益 ÷ 発行済株式数

1株あたりでどれだけ利益を出せる会社なのかが分かる

Ⓐ

1億株発行で100億円の利益
↓
EPS=100

Ⓑ

5000万株発行で100億円の利益
↓
EPS=200

B社の方が収益力が高い！

EPSの伸びと株価

前期のEPS ＜ 今期の予想EPS

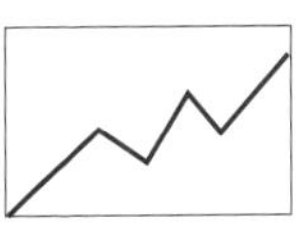

予想EPSが上がっている銘柄は買いだ！

EPSの推移は、株価の推移と関連性が強いってことか…

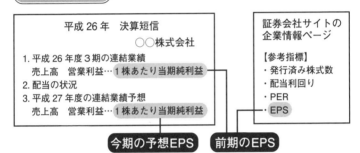

アノマリーで株を選ぶ

銘柄選びのノウハウ⑥

株価は主に企業業績で形成され、地政学的リスクや経済情勢など、外部要因にも影響を受ける。しかし、時に人の思惑に左右され、癖や習慣のようなパターンを形成し、**合理的に説明のつかない値動きをすることがある。**そこに目を付けたのが**「アノマリー投資法」**と呼ばれるものだ。アノマリーとは、**例外・異例**の意味をもつ。

最近では、２０１８年8月に米市場が「ヒンデンブルグオーメンの警戒」と題するニュースを配信した。１９３７年アメリカで爆発事故を起こした飛行船になぞらえた名で、これは過去の経験則から計算したテクニカル的な「暴落予兆」のアノマリーである。このように、近年まったく下がらなくなった株式市場を尻目に「株価はどこで天井をつけるのか？」といった話題が続いている。

これに類するものでは、２０２０年の東京オリンピックを境に不景気に陥るといった「年号アノマリー」も注目されるようになった。西暦の末尾の数字がその年の相場を予言するというもので、西暦の末尾9の年にパラダイムシフトが起こり、０の年で「バブルが天井を打つ」とされている。そして1の年に重大事件が起こると――１９８９年のバブル崩壊、０９年の民主党による政権交代、１９９１年の湾岸戦争、０１年のアメリカ同時多発テロ、１１年の東日本大震災など、例を挙げると確かに9年の革命と1年の事件に目がいく。２０２０年東京オリンピックを境に日本経済が大きく変動しそうな気にもなってくる。

１００年以上続く株取引の歴史上には、アノマリーと呼ばれるような迷信がたくさんあるが、実はその多くは合理的で、左図で例にした季節性アノマリーのように、**需給のメカニズム**で理論付けることができる。

歴史は繰り返す

アノマリーは需給解消の引き金を引く

アノマリーは市場に数多く存在し、合理的に説明のつくものから、まったく説明のつかないものまである。冬はマスク、夏はレジャー・飲料関連など季節性アノマリーが多い。

カレンダーアノマリー

迷信や言い伝えから、株価の値動きが習慣的なパターンを繰り返すことに目をつけた投資法。以下のようなものがある。

12月

12月の株価は安く1月の株価は高い

12月は年末の連休に向けてリスク回避の売りが出やすい。その反動で、1月は新しくポジションを取る投資家が多い。

4月

入学式

4月の新年度相場は株価が上昇する

3月の年度末にポジションを解消した機関投資家が新年度の4月に新しくポジションを取る。

5月

鯉のぼりの季節がきたら株は売り

5月のゴールデンウィークを前にリスク回避の売りが出やすい。また5月から6月末にかけて、ヘッジファンドの解約による売りが出やすい。

8月

お盆の閑散相場は株価が下落する

8月は、日本でお盆休み、欧米も夏のバカンスがあるために、リスク回避の売りが出やすい。

今日は伝説の日だから、株買ったんだ
は!?
そ、そう…
局地的なアノマリーもある
あんたが買うと必ず下がるのよ。アノマリーよ!

銘柄選びのノウハウ⑦

時代のテーマ株を見つける

アノマリーは習慣や経験則から導く不確実なもので相場を占うものであった。一方テーマとは、**確定している根拠（ブーム・流行）で投資判断をするもの**である。よってＴＶや新聞に加えて日常生活のふとした瞬間にテーマを見つけることができる。参考に最近のテーマとそれによって買われた銘柄を挙げてみよう。

・人工知能（２０１６年）…これまで指示通りに動いていたアプリやロボットが、自ら考えて行動するようになった。その学習機能「脳」の部分が人工知能なのである。ジャンルを隔て学習させればプログラミングした当人でさえ、どんな行動を取るのか予測ができなくなるのだ。つまり、人工知能は教育の仕方によって活躍できる場がいくらでも広がる。最近では自動運転サービス、自動翻訳サービス、そして産業ロボットに知能を持たせ生産工場の完全自動化を実現するインダストリー４・０も注目されている。（ＰＫＳＨＡ（パークシャ）３９９３・ブレインパッド３６５５など）

・仮想通貨（２０１８年）…８年前まで１円だったインターネット上のビットコインが２５０万円の値をつけ話題となった。２５０万倍となった背景には、決済と送金の安全性が高く評価された点や買い物などの用途拡大の他、ドルや円と交換する取引所の誕生がある。株式市場では仮想通貨取引所の運営やプラットフォームの開発に着手する企業が注目されている。（マネックスグループ８６９８・リミックスポイント３８２５など）

テーマ株を買った場合、株が買われ続ける継続性を見極めることが大切だ。小さなテーマだと３ヵ月程度、時代そのものがテーマである場合、何年もの長期間にわたり注目され続けるだろう。

時代に乗り遅れるな！

相場を盛り上げ、牽引するテーマ株

株取引を始めると、いろんな見識を身につけることができる。世界や日本、そして今社会で何が起こっているのか？　それがテーマなのだ。テーマ株は、投資家から注目され、上昇・出来高ランキングの常連になる。

テーマの発見は、新聞・テレビ・日常生活から

時代をいろどるテーマの数々

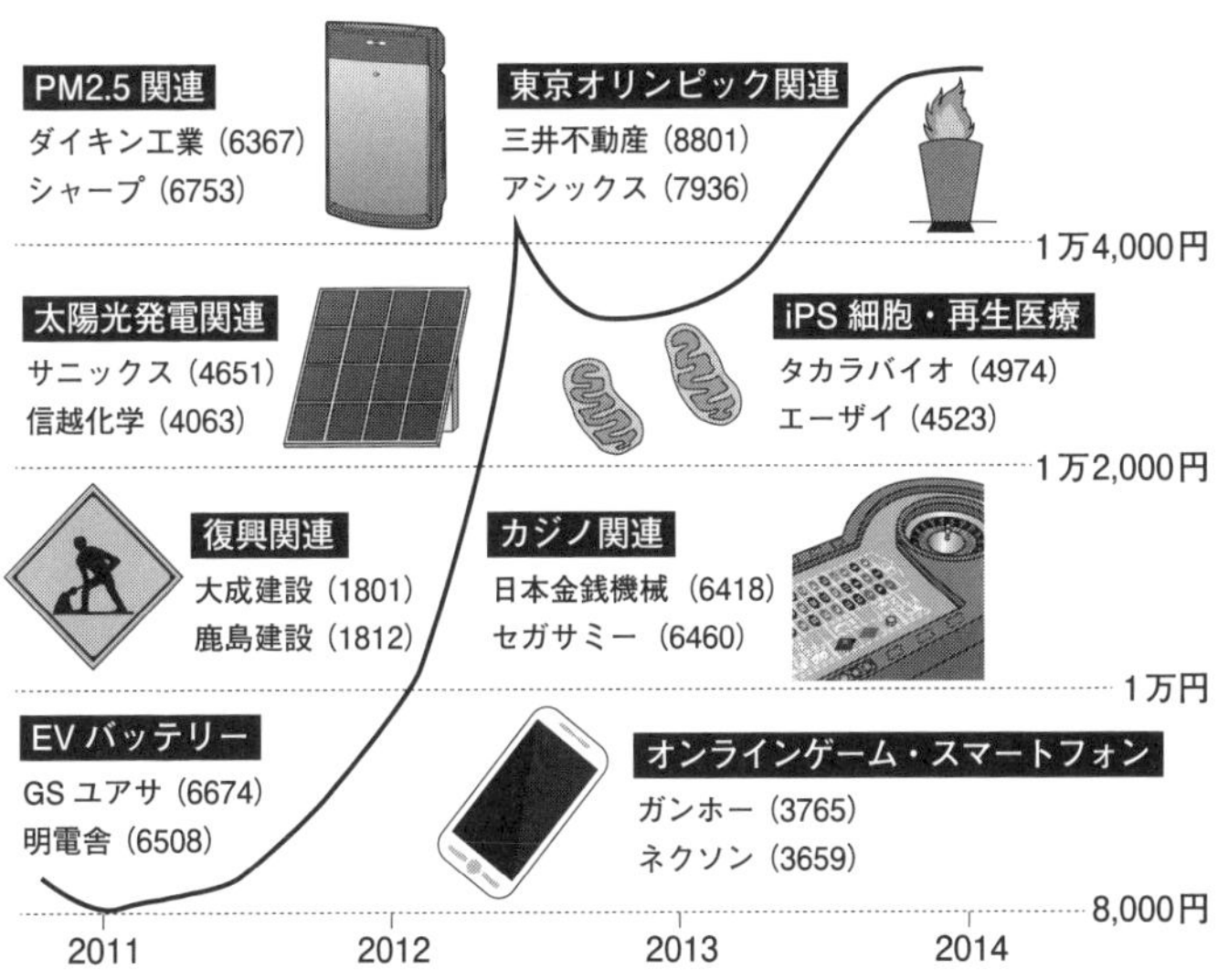

銘柄選びのノウハウ⑧

やっぱり優良企業が安全？

上場している会社の中には**エリート**と呼ばれる存在がある。私はそこまで大きな会社に勤めたことはない。だが市場のニュースでは何かと名前が出てくるし、市場という舞台の主役として憧れのような存在である。しかし、人には好みがある。ダメ男を立ち直らせるのが未来への投資だと思う優しい女性がいるように、不良企業を応援する投資家もいるのだ。

不良企業というのがどんな企業かというと、「赤字続きで先が見えない」という言葉があてはまる。リスクとリターンを天秤にかけると、まず倒産するリスクがある。しかし、すでに株価は安いから、たとえ倒産して投資額が返ってこなくても大した金額ではない、と考える人もいる。そして、もし不良企業が立ち直ったら、リターンはかなり大きいはずだ。

一方、優良企業とは、**業界トップ・高い利益率・成長力・株主重視**の諸条件をクリアした銘柄のことだ。株主重視とは、株主を大切にすることである。株主へのアピールがうまく、企業のホームページにて、社長のインタビュー動画など積極的な経営姿勢を目にすることができる。

配当金を狙うような長期投資は、業績が安定している優良企業に絞って投資すべきだ。理由としては、多少経済が傾いても、**そう簡単には倒産しない**という安心感と、もう一つある。優良企業＝主力銘柄は、**市場で常に取引されている**ということだ。上場企業の中には、1日の出来高がゼロの銘柄もある。そうなると、急に資金が必要で、株を現金に換えたい時に、いざ売ろうとしても売れないのだ。

安定を望むのか？
変化を望むのか？

投資スタンスを変えて挑む

「投資先は大企業」――間違ってはいないが、会社規模に拘らず、成長力があって、株主を大切にする優良企業を選びたい。不良企業は、業績改善で大きな値上がり益が狙えるが、下がり続けるリスクもある。

優良企業の条件

業界シェアNo.1！

高い利益率 EPSが高い！

成長力 業績の伸び！

株主重視 配当金・優待・自社株買い！

自社の株を買い取って発行済株式数を減らす自社株買いは、１株の価値を高めるんだ

優良企業への投資スタンス

株主のことも考えてます

優秀な社長

長期投資向け

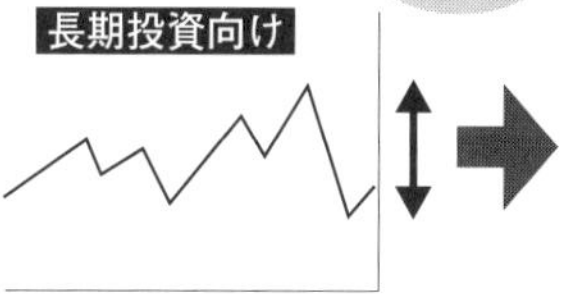

値動きは少ない

出来高もあり、安定した投資が可能

配当金・株主優待狙い

安定した業績と株価推移を利用する

不良企業への投資スタンス

面倒くさいな～

ダメ社長

中期投資向け

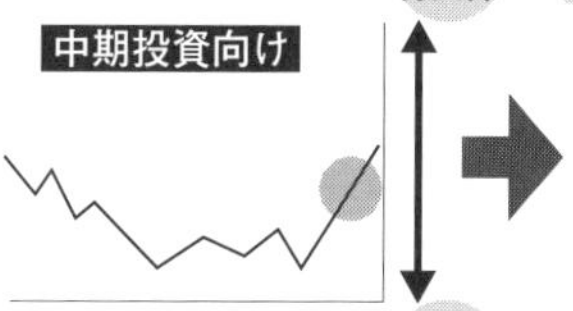

上値は青天井

下値は限定的

業績改善で一気に吹き上がる。しかし損切りが必要になる場合もある

短期投資向けに変化

吹き上がり局面では、デイトレーダーの主戦場へ変化する

銘柄選びのノウハウ⑨

割安株、割高株とは？

市場のテーマに沿っていて業績も良い優良銘柄を見つけたら、次に考えるのは**「いつ買ったらよいのか？」**ということだ。株は時間が経てば安くなるものではなく、基本的には高くなる。事業を拡大するために上場して、世界中から投資金を募って、業績が伸びないわけがない。そして、上場企業という名の誇りが、経営者を駆り立てるのだ。その企業努力が、今の株価にどう反映されているかを、割安・割高で判断する必要がある。

それには**「投資尺度」**を使う。これまで見てきた中で、投資尺度に使えるのは、**「配当利回り」「EPS（1株あたりの純利益）」**である。リーマンショック後には、配当利回りが5％を超える優良企業がたくさんあった。この数字を見ると、株の売られ過ぎと判断できる。ＥＰＳは、同業種で収益力が高い銘柄の選別ができて、前期と今期予想のＥＰＳの伸びで、株価上昇の期待度が分かった。しかし、今の株価が割安・割高なのかを、リアルタイムな数字で確認することはできない。

そこで、もう一つ紹介する投資尺度が、**「予想PER（株価収益率）」**と呼ばれるものだ。予想ＰＥＲは会社の利益と株価の関係を表し、計算式は「株価÷今期予想のＥＰＳ」である。会社への期待が大きいと、分子の株価が高く、予想ＰＥＲも高くなる。予想ＰＥＲの目安は10倍〜20倍である。

計算式を覚えなくても、証券会社の株価情報で予想ＰＥＲを確認できるが、毎日変動する株価をその都度ＥＰＳで割って、予想ＰＥＲを自分で算出していけば、割高と割安がリアルタイムに判断できると覚えておこう。次の項目で活用方法を見ていきたい。

予想PERが低い銘柄を選ぶ

利益と株価の関係から割安・割高を判断

買いたい銘柄を見つけたら、次は買うタイミングを考える。タイミングはテクニカル・投資尺度（PER・配当利回り）で計るのが一般的だ。できれば1ヵ月ぐらい終値とPERをチェックしてから購入しよう。

予想PERとは

予想PER（株価収益率） = 株価 ÷ 今期予想のEPS

PER20倍以上
↓
株価が割高

PER20倍以下
↓
株価が割安

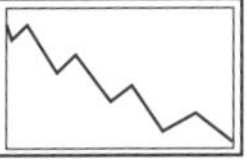

会社の利益と株価の関係を表し、割安・割高の判断ができる

投資尺度は銘柄検索で株価とセットで調べられる

同業他社とくらべてPERが高い。安くならないかな…

デイトレーダー

証券会社のホームページで検索してみる

6752　銘柄検索

検索

パナソニック(6752)　株価1170円　前日比 +44

予想PER	28.16倍	予想EPS	40.8
実績PER	1.81倍	実績EPS	634.6
予想配当利回り	0.87倍	単元株数	100

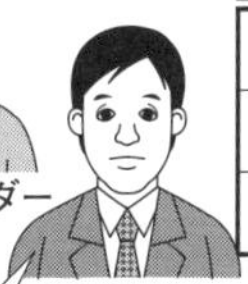

長期投資家

配当利回りが低い。もっと株価が安くなったら買おう

EPSには目安がないので、前期からの推移を見ないと判断できないね

投資尺度をまとめてみると…

配当利回り3%以上（配当金 ÷ 株価）
→ 株価が割安になっている

EPSの伸び 前期EPS＜今期予想EPS
→ 株価上昇の期待度アップ

予想PER 20倍前後（株価 ÷ 今期予想EPS）
→ リアルタイムに割高・割安を判断

ＰＥＲの活用方法

基本的に予想ＰＥＲは、**10倍以下を割安＝買い、30倍以上を割高＝買わない**と判断する。これだけ知っていれば、みんな億万長者になれると言いたいところだが、実際はもう少し複雑だ。

左ページ上図は資生堂の株価推移で、２０１８年9月28日の時点で株価約８８００円、予想ＰＥＲ50倍となっている。株価が上昇しているのは、増加傾向の訪問外国人が日本の化粧品を買い込んでいるといった背景があるためで、投資家はこのインバウンド消費と呼ばれるテーマが少なくとも東京オリンピックまで続くと期待している。このようなテーマ株や新分野へ挑戦する企業は、将来性が評価されて株価が上昇し、ＰＥＲが高くなる傾向がある。よって、ＰＥＲ50倍でやや割高な資生堂について、**短期・中期の投資スタイル**が望ましいと判断できるだろう。

また、長期投資に向かない理由は、高ＰＥＲを維持するのが難しいからに他ならない。投資家の期待通りの業績を維持しなければならないし、熱が冷めて投資家の期待が低下した時、20倍前後の平均値へ修正される過程で、株価の下落を伴ってしまう。高値警戒感を抱きつつ株式を買った投資家が多い場合、些細なニュースで慌てて彼らが売りに向かうことも想定できる。下がる時の下落幅が大きくなるようでは怖くて株式を保有できないのだ。ＰＥＲが低い＝株価が安い時に買っていれば、**長期投資**が可能と判断できるのである。

株価の割安・割高という目安は個人的判断になることを留意してほしい。ここでも一般的なＰＥＲ倍率に私の個人的な見解を付け加えたに過ぎない。同業種の銘柄と比べてみて割安・割高を感覚的に掴むと良いだろう。

PERは同業種で比べる

PER100倍以上はデイトレード向け

人気化した銘柄は、異常にPERが高くなったりする。期待や思惑など不確定事項を織り込んだ値動きは、上下に大きい。PERが高過ぎる銘柄は短期売買で挑もう。

警戒心は株価が上昇するほど高まる

インバウンド消費の期待で人気化した資生堂（4911）の例

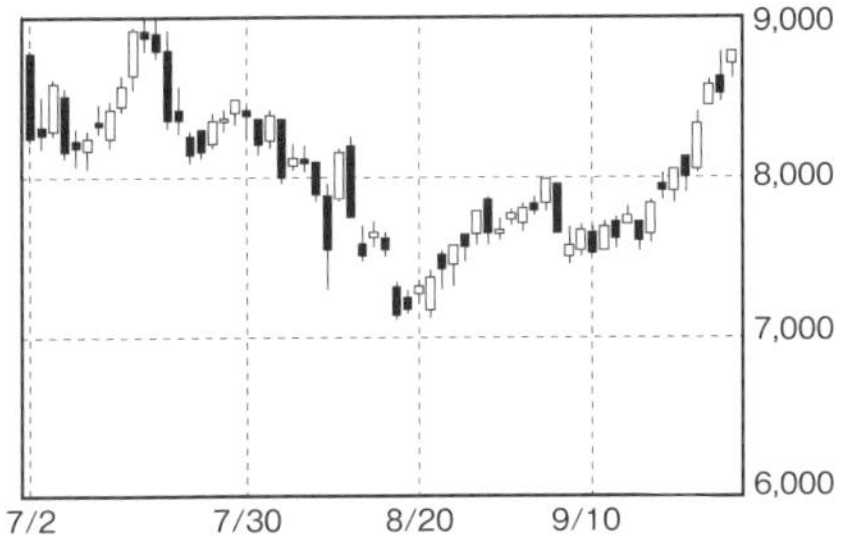

高値警戒！

株価　8,800円
PER　50倍

PER50倍以上は、些細なニュースで下落幅も大きくなる

PERは20倍が基準

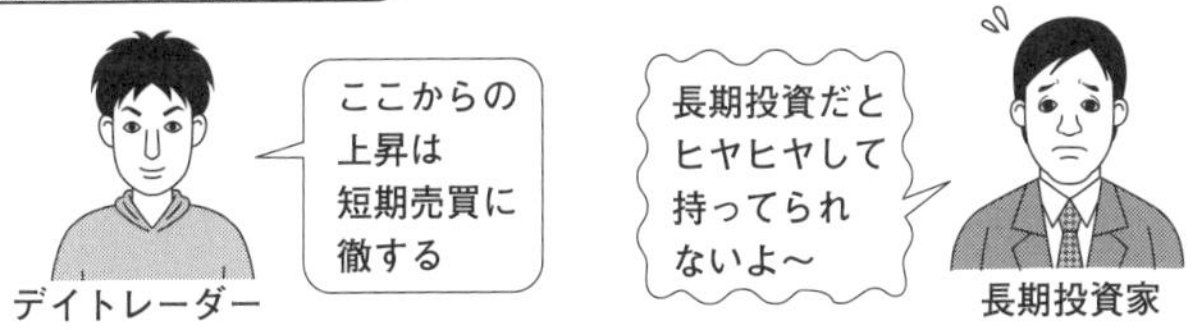

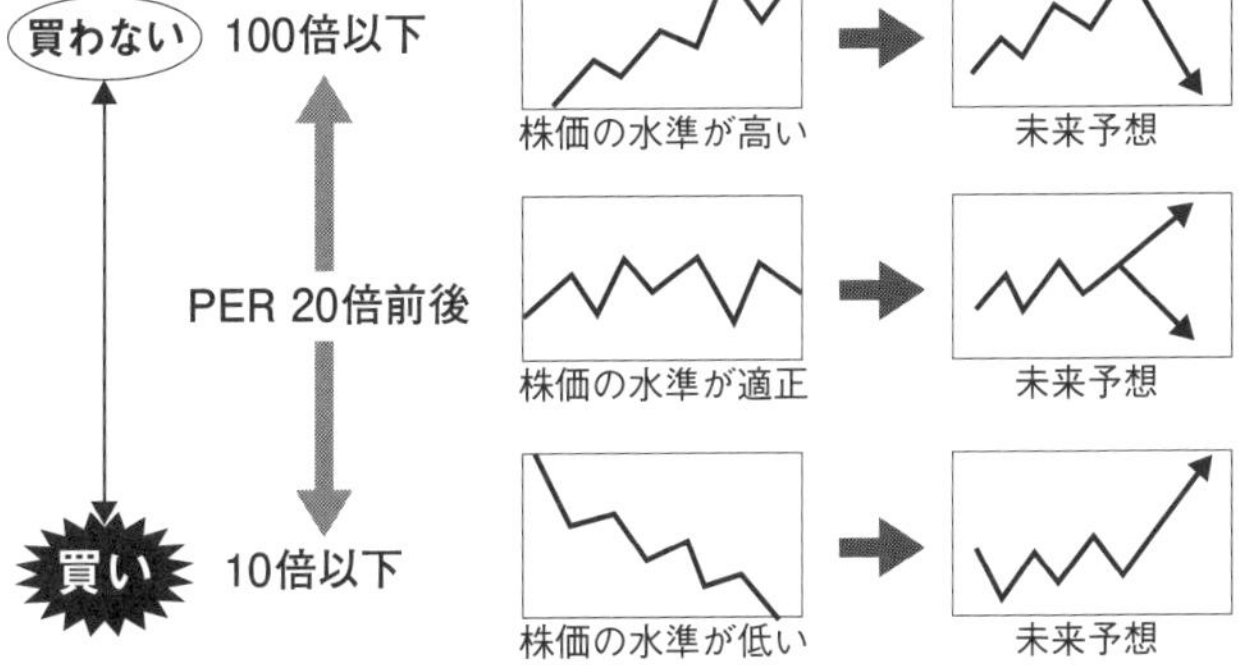

会社の資産価値から株を選ぶ

銘柄選びのノウハウ⑪

会社の価値は、現金や土地などの資産、事業分野の成長性、将来にわたって生み出される利益など、一言では言い表せない。だが、前章までで、それらすべてが株価に織り込まれていることが理解できただろう。

会社の価値＝株価形成の概念は**「予想ＰＥＲ（株価収益率）」＋「ＰＢＲ（株価純資産倍率）」**で表される。予想ＰＥＲは、会社の利益と株価の関係を表し、標準的な値は20倍前後であった。ここで新しく出てきたＰＢＲとは、**会社の「純資産」と株価の関係**を表し、今の株価が、１株あたりの純資産の何倍になっているかを表す指標である。ＰＢＲ1倍が、株価＝１株あたりの純資産となり、1倍以下だと割安とされる。

ＰＢＲの計算式は、「株価÷1株あたりの純資産」だ。1株あたりの純資産とは、会社の純資産を発行済株式数で割ったものである。これも計算式を覚えなくても株価情報に記載されている。

ここで、「明日、投資した会社が廃業したらどうする？」と、まったく夢のないことを考えてみる。

ＰＢＲが1倍以下ならば、会社が持っている純資産より発行済株式の総額の方が安いので、会社が廃業しても純資産を分配すればお金が返ってくるはずだ。つまり、担保がある会社へなら投資しても安全という判断ができることになる。ＰＢＲが1倍以上の場合は、会社の実態以上に株価が上がっていると予想されるが、目安がないので、判断は難しい。ＰＢＲは、**割安銘柄を探すための投資尺度**として使うべきだ。そして、1倍以下の銘柄は株価の下値めどにもなる。例えば0・8倍なら、原価１００円の物を80円で売っていることになるからだ。もっとも、資産が減っていくような赤字会社は、ＰＢＲが低くても買わないほうが安全だ。

PBR 1 倍割れは下値のめど

資産と株価の関係から割安を判断

一般的には、純資産＝解散価値と言われている。PBR の 1 倍割れは、株の価値が解散価値より高いことを示し、今すぐ会社の資産を株主へ分配したら利益が出てしまう状態。よって、株価の下落リスクを抑える効果がある。

PBRとは

PBR（株価純資産倍率） ＝ 株価 ÷1 株あたりの純資産

※ 1 株あたりの純資産とは、純資産を発行済株式数で割ったもの

PBR 1 倍以下
↓
株価が割安

会社の資産と株価の関係をあらわし、割安・割高の判断ができる

もしPBR が 1 倍以下だったら

純資産＝総資産－負債

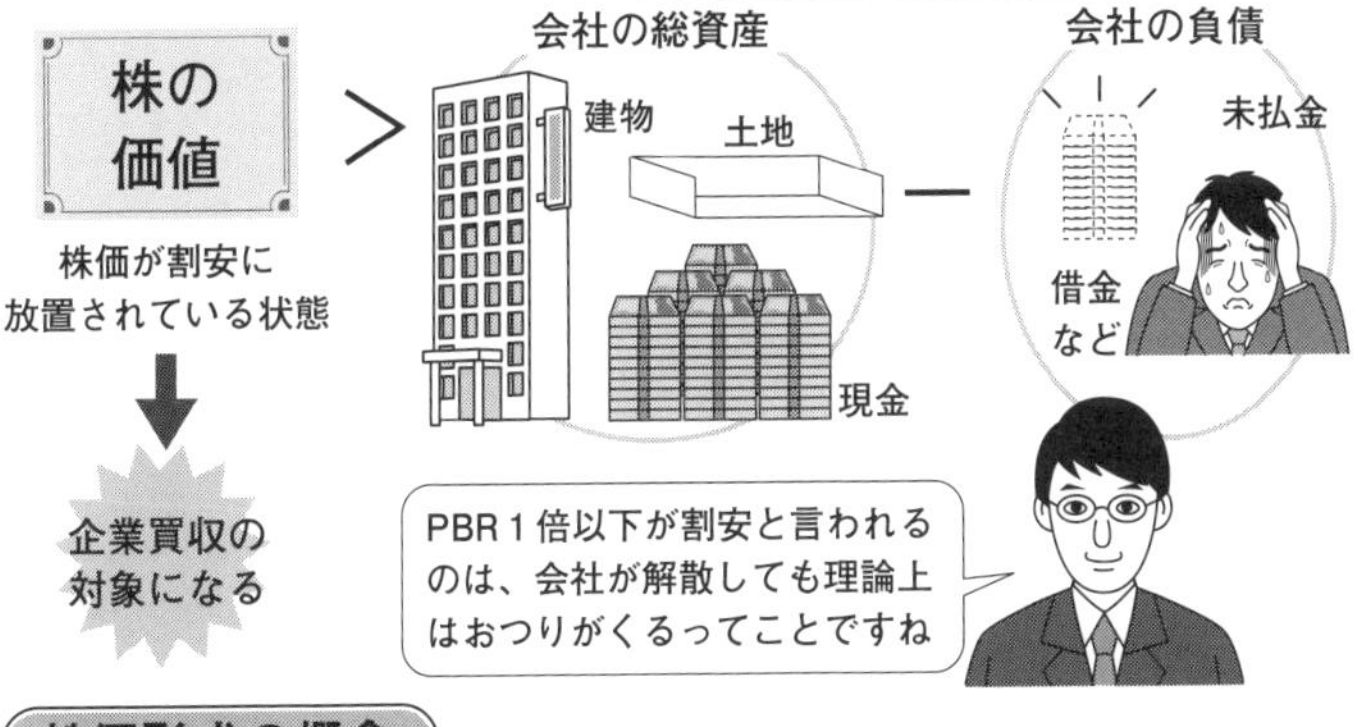

会社の総資産
会社の負債
株の価値
＞
建物
土地
現金
－
未払金
借金など
株価が割安に放置されている状態
企業買収の対象になる
PBR 1 倍以下が割安と言われるのは、会社が解散しても理論上はおつりがくるってことですね

株価形成の概念

株価形成 ＝ PBR 株価と純資産の関係 ＋ 予想 PER 株価と予想利益の関係

純資産をベースに、予想利益の期待で基本株価が形成される

危ない会社の見分け方

銘柄選びのノウハウ⑫

決算短信で業績の良い会社を調べていれば、危ない会社に遭遇することはないはずだ。しかし念には念を入れて、ここでは**会社の純資産と負債の割合**をチェックすることで、危ない会社を避ける方法を紹介する。なぜなら、会社が倒産した理由のすべてが、借金で身動きが取れなくなったことにあるからだ。

上場企業は約３７００銘柄あるため、流動比率や剰余金の割合などを、専門書片手に個々の業績を細かくチェックすることは不可能に近い。また刻々と変化する市場にも対応しなければならないため、この一点に気力を消費しても時間対効果は低い。そこで投資家は、できるだけ簡単に危ない会社を見抜く必要が出てくる。

純資産と負債の割合は、財務データの**「純資産比率（自己資本比率）」**で分かる。これは、決算短信の1ページ目や、証券会社の企業情報ページに記載されている指標だ。総資産は**「純資産＋負債」**で、この純資産の割合が20％以下で、売上も減っているような会社は危険と判断できる。**純資産比率が20％以下では危険**ということである。しかし、会社が貯金ばかりして、そのお金で新たな利益を生み出さないのは困るという考えもある。そのため、健全な会社の純資産比率は、30％～60％ほどと言える。

そして、他の投資尺度と同じく、**業種間で適正な水準がある**。例えば、不動産業は、土地を借金で購入してから開発をするので、純資産比率は15％前後と低い。また、銀行業は、客の預金が借金となり、そのお金を運用しているので、10％以下となっている。鉄道業も設備投資の関係で低い。そのため、目安として不動産・銀行・鉄道を除けば、純資産比率20％以下は投資不適格となる。

負債が多い会社に注意

資産と負債の割合で危ない会社が分かる

純資産比率が低い会社は、借入金に依存した経営を行っていると判断できる。銀行も融資を控えるようになるため、資金繰りが厳しくなり、倒産する可能性が高まる。

純資産比率とは

純資産比率（自己資本比率）
＝
純資産（総資産－負債）÷総資産

純資産比率が20％以下
↓
負債の割合が多すぎる会社

資産と負債の割合から、会社の健全性が判断できる

危ない会社＝ | 純資産（自己資本）20％ | 負債　80％ |

あと5000万円
貸してください
もう無理です
BANK

危ない会社　　　　銀行

純資産比率の目安

20％以下		30～40％		50％以上
危ない会社	●●●	倒産しにくい会社	●●●	理想的な会社

純資産比率がもともと低い業種もある

銀行業…10％以下　（負債の扱いが違い、増えて嬉しい客の預金が借金扱いになる）
不動産業…15％前後　（土地を借金で購入してから開発をするため）
鉄道業…20％前後　（常に設備投資が必要なため）

銘柄選びのノウハウ⑬

投資信託でおまかせ投資

株の取引時間は昼間なので、サラリーマンなどは相場に向き合って取引することはできない。そこで、一つの手段としてお勧めなのが「投資信託（ファンド）」と呼ばれるものだ。ファンドマネージャーという名の運用のプロへ、年1％前後の信託報酬を払って、**運用を「おまかせ」してしまう方法**だ。

投資信託は**共同購入**である。複数の投資家からお金を集めて、そのお金を信託銀行へ預ける。信託銀行は、ファンドマネージャーの指示で株・債権などを売買して運用するという仕組みだ。株価のように、投資信託にも**「基準価額」**があり、口数単位で購入する。例えば、1口1円、1万口単位の基準価額が8000円の投資信託を買う場合、最低投資金額は8000円である。そして、株式の配当金と同じく**「分配金」**がある。

投資信託のメリットは、アジアの成長株や日本の割安株に投資するものなど、投資対象で種類が分かれており、**世界中の株や債券などへ分散投資できる**ことである。デメリットは、運用を依頼する対価として信託報酬が発生すること、ファンドマネージャーのレベルが過去の実績だけでは分かりにくいことだ。

また、株式の投資信託は、収益性を重視し、公社債の投資信託は、安全性を重視しているという特徴を覚えておこう。これは、値動きの変動が債権より株の方が大きいことを意味している。投資信託の内容が書かれている「目論見書」には、投資対象や運用方針、過去の実績なども記載されているので、よく読むことが大切だ。

このように、同じ投資でも自分で株を選んで売買するか、投資信託のタイプを選別し、日々の運用をファンドマネージャーへ「おまかせ」するかを選択することができるのだ。

投資信託を活用する

日本にいながら世界への投資も可能

投資信託には様々な種類があり、ファンドのタイトルから「日本成長株〜」「ベトナム株〜」などテーマが分かる。忙しい人だけではなく、国外株への分散投資を目的に投資信託を選ぶ投資家も多い。

忙しい人に合った方法

投資信託の構図

投資信託は、証券会社や銀行等の「販売会社」、何に投資してどう運用するかを考える「運用会社」、資金と運用管理の「信託銀行」の３つからなる。

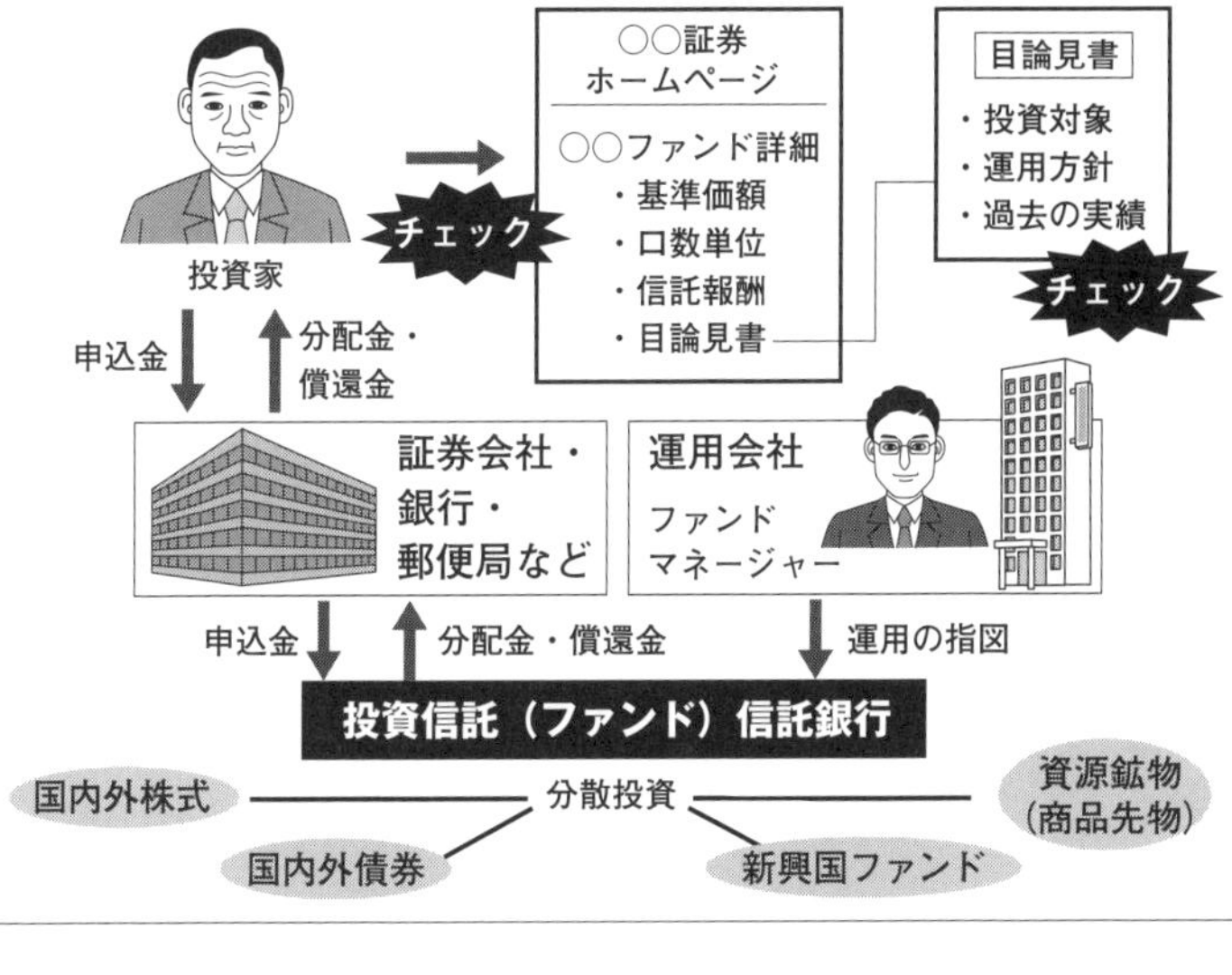

上場投資信託はメリットだらけ！

銘柄選びのノウハウ①

ＮＩＳＡ（少額投資非課税制度）の活用と相まって、日本のみならず世界に向けて簡単に分散投資が可能な投資信託が注目されるようになった。証券会社や銀行でＮＩＳＡ口座を開設し、一般的にはその窓口で投資信託を買うことが前提となるだろう。（前項参照）ここでは、大同小異の「上場投資信託（ＥＴＦ）」について解説したい。

頭文字に上場が付いているので、きっと「株式と同じように市場で取引されているのかな？」と思った方もいるだろう。その通り、**投資家はいつでも投資信託を市場で買い、そして売却することができるのだ**。単に買って売るというこの自由さが上場によって享受された最大のメリットとなる。普通の窓口で買う投資信託と上場投資信託の違いを左図で表にした。

そして、私が魅力的だと思う上場投資信託の一つに**ＲＥＩＴ（リート）**がある。

ＲＥＩＴは株式ではなく不動産に分散投資した上場投資信託である。運用会社にあたる投資法人が投資家から資金を集め、オフィスビルやマンションなどに投資し賃料収入を配分する仕組みである。魅力はその利回りの高さにあり、運用会社が投資家に払う分配金は、賃料収入から費用を引いた利益の90％を超えているのだ。そうすることで、特別な法人である運用会社は特例で税金の免除を受けている。

分散投資を個々に行うには膨大な資金が必要で、株式ましてや不動産は興味があっても手をこまねく投資家も多いだろう。そんな時、株式市場を通して少額資金で参加できる上場投資信託を検討してみよう。

少額資金で不動産投資家になる

ETFで低コスト高利回りの分散投資が可能

株式の銘柄を検索していて「○○連動型上場投資信託」「△△投資法人」といった、少し長くて場違いな名前の銘柄を見つけた人もいると思う。それがここで紹介するETFである。

ETFと投資信託の比較

	上場投資信託（ETF）	投資信託
上場・非上場	上場	非上場
種類（本数）	約200本 （REITは約60本）	約6,000本
所得可能な時間	取引所の取引時間中	申込期間中のみ
所得価格	リアルタイムで 変動する市場価格	1日1回算出される 基準価額
取得場所	株式市場	販売会社（証券会社・ 銀行・郵便局など）
取得費用	証券会社ごとに 異なる	販売会社ごとに 異なる
信用報酬手数料	非上場に比べて 安い	一般的にETFより 高め
売却・解約費用	証券会社ごとに 異なる（安い）	なし（解約手数料が かかる場合あり）

REIT（リート）とは

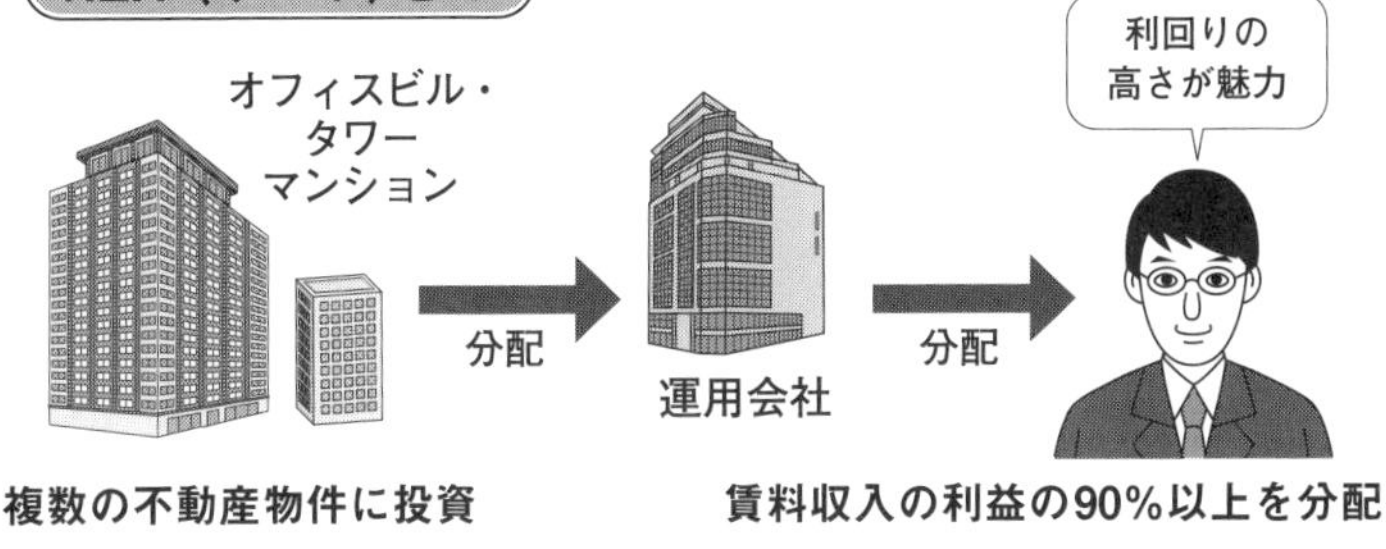

銘柄選びのノウハウ⑭

ネット証券のツールで探す

ネット証券のツールは、主な役割として、株取引に使うアプリ型ツールと、銘柄の情報を調べるＷＥＢ型のツールに分かれている。株の発注や保有している株の確認などは、どちらを使っても可能だが、リアルタイムな処理を伴うものはアプリ型（１３４ページ「トレーダーの取引環境を構築する」参照）が優れている。ＷＥＢ上では、株価やチャートの自動更新において機能的な限界があるのだ。

ここでは、証券会社のＷＥＢページに用意されている**「スクリーニング機能」**を紹介する。スクリーニングとは条件検索のことで、財務関連指標（配当利回り・ＰＥＲ・ＰＢＲ等の投資尺度）と、テクニカル分析指標などの条件で銘柄を抽出できる便利なツールだ。例えば、長期投資ならば、配当利回り３％以上、ＰＥＲ30倍以下などと値を指定して検索すると、該当した銘柄リストが抽出される。第６章で学ぶテクニカル分析を追加して検索すれば、中期投資にも対応でき、さらに利用価値は高まるだろう。なお残念ながら、デイトレードの銘柄検索で活用する方法はあまり見出せない。

スクリーニングのポイントは、**業種を指定しながら検索する**ことだ。トヨタと日産、日立と東芝など、同じ業種の会社同士で、投資尺度を比べて銘柄を選ぶことが大切だ。そして、初めは東証一部で検索するのがよい。東証二部やマザーズ等に上場している会社は、いずれは、東証一部への上場か、それに値する企業価値を目指している。よって、東証一部の投資尺度の適正値、いわば評価のされ方が分かれば、それが後に、すべての銘柄の判断基準にもなるからだ。

ツールを制する者は相場を制覇する

スクリーニングは証券会社の定番機能

証券会社を選択する上で、ツールの使いやすさは重要な要素となっている。証券会社は、ユーザーと幾度となく意見交換を行い、各社独自のツールを開発している。

ネット証券のツールの主な役割

インストール型アプリ

・リアルタイム発注
・リアルタイム市況情報
（株価・ランキング）
・テクニカル分析

証券会社ホームページ

・ニュース検索
・ファンダメンタル分析
（業績・財務・市場分析）
・スクリーニング

スクリーニングで銘柄抽出

各証券会社オリジナルの条件で、さまざまな条件に適した銘柄が検索できる。

スクリーニングの例
http://www.xxxxxxx.xxxxxxx.co.jp/
ファイル（F）　表示（E）表示（V）お気に入り（A）　ツール（T）　ヘルプ（H）

基本条件選択
優良型　成長型　割安型　他

業種設定
水産・農林　工業　建設業　他

市場設定
東証１部　東証２部　マザーズ　他

追加条件選択
PER…　30倍以下
PBR…　1.5倍以下
配当利回り…２％以下

No.	コード	会社名	PER	PBR	配当利回り
1	1928	積水ハウス	12.0	1.15	3.15
2	1979	大気社	15.4	0.98	2.25

業績を指定して検索することで投資尺度の適正値がわかる

3,400社以上の上場企業から抽出できるから便利！

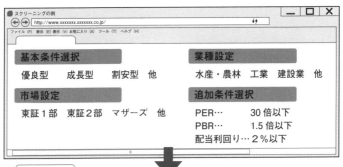

株を買うにはいくら必要？

銘柄選びのノウハウ⑮

服や靴を手に入れるのと同じように株式を買えるのだろうか？　お洒落な方は服や靴がその価値に見合った値段なのかどうかを常にチェックしている。優れた投資の素質があるのだろう。私はショッピングが苦手である。まずお財布の中身を頭に叩き込んでから店に入り、値札を見て、それを裏にしたりしてあれこれ悩むことになるのだ。

目星をつけた株式をピックアップしたら、パソコンやスマートフォンのディスプレイには服や靴と同じようにズラリと株価が映し出される。ZOZOTOWNのスタートトゥデイの株価が3500円、ユニクロのファーストリテイリングが5万8000円――ここで注意が必要なのだ。お財布に3500円あってもその値段では買えないのである。なぜなら、株式には100株という「売買単位（単元株数）」があるからだ。つまり、3500円の株式を買うためには×100の35万円が必要であり、同じくファーストリテイリングの場合の最低投資金額は×100の580万円である。単位性なので101株の注文は通らず、100の次は200株で発注しなければならない。2018年10月から東京証券取引所ではすべての株式が100株単位に統一された。これはかつて1株や1000株などもっと多くの単位があったからで、今後は株式＝100株単位と覚えて差し支えないだろう。

売買単位は、証券会社の株価情報ページや発注画面で確認できる。現在の株価を100倍して、必要投資金額を確認してから発注する習慣をつけることが大切である。

株を買う前に売買単位を確認

単位の整数倍ずつでしか買えない

2018 年 10 月より、東京証券取引所は株式の単位をかつて主流であった 1,000 株単位から 100 株単位へ統一すると宣言した。単位を下げて、広く少額投資家にも株式を開放する役割も期待しているはずだ。

売買単位を確認しよう

発注画面や銘柄情報など、株価の指標とセットで必ず明記されている。

証券会社のホームページで検索してみる

6752　銘柄検索

検索

パナソニック（6752）　株価 1170 円　前日比 +44

予想 PER	28.16 倍	予想 EPS	40.8
実績 PER	1.81 倍	実績 EPS	634.6
予想配当利回り	0.87 倍	単元株数	100

最低購入代金は
1,170 円 ×100 株
↓
11 万 7,000 円

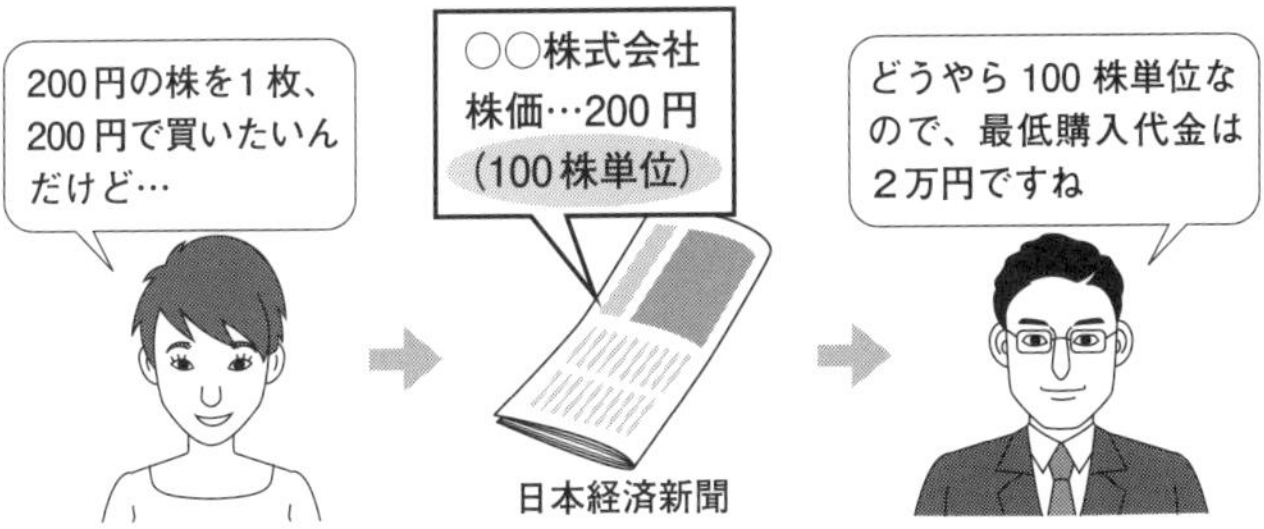

売買単位は現在 1 種類のみ

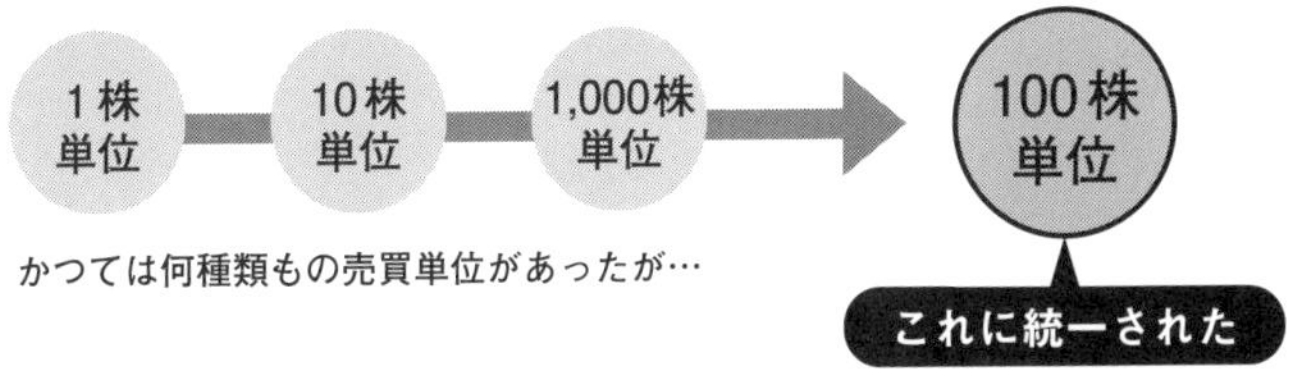

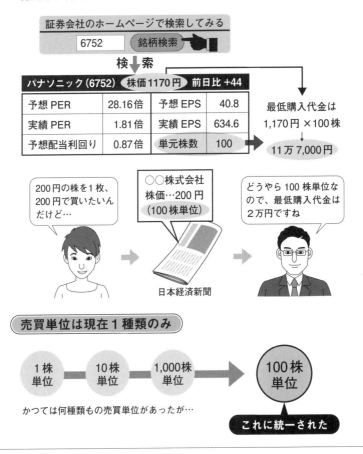

銘柄選びのノウハウ⑯

買い注文を出してみる

「何事も身を挺した実践でこそ学ぶものがある」私が肝に銘じている言葉である。ＴＶで観る世界遺産は、アナログ放送からデジタル放送になって感動的になった。しかし次の瞬間には忘れてしまう。匂い、感触など一つの経験すらしていないからだ。実感なくして、そこへ訪れたことにはならない。

株取引においても、一度株を購入することで得られる知識は、他人が言葉で説明できるものではない。しかし、最初の実践で大きな失敗はできないので、５０００円のプラスで利益確定して、５０００円のマイナスで損を確定して売却するなど、**ルールを決めて実践に挑む**のが良いだろう。

株の注文を出すには、銘柄コードで検索をして「発注画面」を表示させることから始まる。発注画面には**「板」**という、売りと買いの注文枚数の状況を表示するものと、前日比・高値・安値など、その日の値動きの情報が表示される。注文を出すには、銘柄の売買単位を確認して、株の枚数と値段を入力し、**「指値」**か**「成行」**を選択して発注、という手順になる。

一度、指値で現在値より安い値段で注文を出してみよう。注文を出したら「板」の値段に自分の注文（枚数）が並んでいるか確認する。そして、「注文照会」ページにはまだ約定していない自分の注文があるはずだ。すぐに買いたい場合は、板を確認して売り気配枚数の一番安い値段へ指値変更すればよい。

そして、成行とは、いくらでもよいから買うという注文だ。成行へ変更した場合、売りに並んでいる枚数が少ないと、もう一つ上の値段に並んでいる枚数も買うことになるので注意が必要だ。

最大のリスクは経験がないこと

身を挺した実践でこそ学ぶものがある

株価は上がるか下がるしかない。まずは利益確定と損切りのルール作りをしてから、最少投資金額で買ってみよう。買い注文の手順はどんな金融商品でも共通で、「買いたい価格」と「枚数」を指定する。

買い手の注文

①売買単位を確認する
↓
②買いたい枚数を入力
↓
③指値・成行を選択
↓
④買いたい価格を入力
↓
⑤入力した注文を確認
↓
発注！

注文入力（現物買）

トヨタ自動車（7203）

現在値	5,940 ↓ C
前日比	-120（-1.98%）
始値	6,110
高値	6,140
安値	5,940
前日終値	6,060
出来高	14,790,000
売買代金	88,906,251（千円）
制限値幅	4,940 ～ 6,940
売買単位	100

売気配株数	気配値成行	買気配株数
47,000	6,030	
39,000	6,020	
78,800	6,010	
78,600	6,000	
87,800	5,990	
50,600	5,980	
45,300	5,970	
15,200	5,960	
	5,940	20,600
	5,930	75,800
	5,920	92,000
	5,910	127,700
	5,900	192,700
	5,890	35,200
	5,880	26,500
	5,870	5,400

枚数：［　　］株　　市場：東証

価格：◉ 指値 ［条件なし］ ［　　］円

○ 成行 ［条件なし］

期間：◉ 当日中 ○ 期間指定 ［注文確認画面へ］

指値・成行の違い

指値（価格を指定する注文）

売気配	価格	買気配
20	202	
10	201	
15	200	
	199	11
	198	12
	197	10

200円指値なら15枚買える

199円指値なら11枚の後に並んで買える

成行（価格を指定せず上値を買う注文）

売気配	価格	買気配
20	202	
10	201	
15	200	
	199	11
	198	12
	197	10

25枚成行注文
↓
200枚で15枚
201円で10枚
約定する

銘柄選びのノウハウ⑰

買った株を管理する

買った株の管理は、口座上の「建玉照会」ページや、お気に入り銘柄リスト（54ページ「お気に入りの会社のリストを作る」参照）で行う。それと並行して株価のチェックをすることになるが、これは誰もが得意とするところだろう。最近は、スマートフォンやタブレット端末で、株取引に必要な作業のすべてができるようになっている。ただし**株価チェックには注意が必要**だ。一度株を買うと、取引時間中に電車の中、学校、会社などで、必要以上に株の値動きやニュースをチェックする人が出てくる。

理由の一つは、楽しいからである。自分が持っている株の価値が上がっていくのを見るのは、確かに楽しい。しかし、日中の値動きを監視するのはデイトレーダーの仕事で、スイングトレーダーは、15時以降の引け値＝終値をチェックするだけでよい。**損益の基準は終値である**と覚えておこう。もう一つの理由は、株の買いすぎなどで許容リスクを越えてしまうことで生まれる、**株価下落への不安**である。株価は、買った値段から上がるか、下がるかの2通りしかない。数日の値動きで、今後の生活が不安になるほどの評価損（含み損）を抱えてしまうと、投資を学ぶ段階で「株は怖い」と結論づけることになってしまう。そうならないために、**余裕資金の半分以下で投資を続けるように心がけてほしい**。**お金の管理は、株の管理より大切なのだ**。

ニュースは、日本経済新聞か、ポータルサイトの国際ニュースと日本株ニュースを、朝と夕方の2回チェックすればよい。会社から報道機関へ提出されるニュースは、株取引への影響を考慮して、株の取引時間を避けて出される場合が多いからだ。

株価・ニュースをチェック

新聞だけで十分腰を据えた投資家になる

一度株を買って、投資の楽しさを知る人は非常に多い。しかし買った瞬間に不安に陥る人もいる。それはリスクの取り過ぎに他ならない。余裕資金の半分以下で投資を「続けられる」ことが大切。

買った株の株価をニュースでチェックする

日本経済新聞

・前日取引の終値のチェック
・市場全体の関心事や方向性が読める

紙版

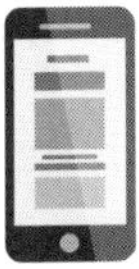

電子版

Web ニュース

・リアルタイムに株価がチェックできる
・決算短信などの速報ニュースが読める
・配信元はロイター・FISCO など

証券会社
ホームページ

TDnet
(適時開示情報
伝達システム)

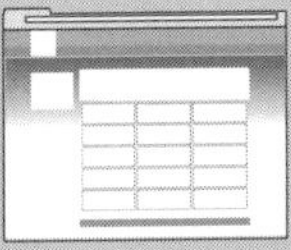

・上場企業情報を一元的にチェックできる
・定款変更・人事異動、配当・業績修正など、あらゆる情報をリアルタイムで読める
・報道機関と同じレベルで、記事になる前に開示資料が読める

https://www.release.tdnet.info/inbs/I_main_00.html

終値がすべて

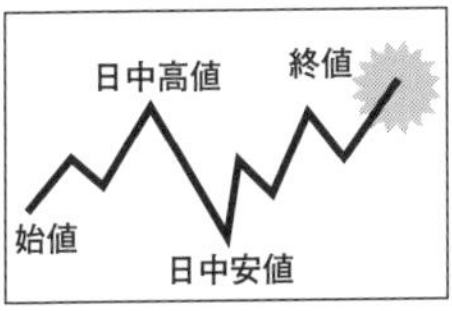

株価評価の基準＝終値

日中の値動きはデイトレーダーのみが監視すべきで、その他の投資家は終値だけのチェックでよい。

日中の高値・安値をチェックしてるのは、デイトレーダーだけだね

1日1回、終値だけをチェックしていれば十分ね

デイトレーダー

スイングトレーダー

第４章

株ってどんな世界なの？
――株式市場のカラクリ

株式市場の役割

世界の証券取引所ランキングの1位はニューヨーク証券取引所、2位はNASDAQ、そして3位に東京証券取引所（東証）である。時価総額、出来高、どれを比べてもこの順位になることが多い。アジア最大の取引所を有する日本国民として、本書で投資を学ぶことは必然なのだと言える。

日本の株の取引所といえば、東京証券取引所しか存在しないと思っている人もいるが、地方にもちゃんとある。東京以外に、名古屋、福岡、札幌に証券取引所があり、それぞれにベンチャー向けの新興市場も用意されている。例えばトヨタは、東京だけでなく、発祥の地である名古屋にも上場している。これらの地方取引所には、地元密着型で将来有望な会社も多数上場しているのである。

取引所の役割は、**「流通市場」**と呼ばれている。流通市場とは、投資家の間で株が転々と流通される場のことである。取引所を利用して、株は投資家から投資家へ渡る。

ちなみに株式にはもう一つ、**「発行市場」**という市場がある。これは、取引所を利用せずに投資家へ株が渡る場のことである。例えば、証券会社は、上場する会社からの依頼を受けて、**新規公開株（IPO）**として買い手の募集を行う。

新規公開株は、個人投資家に人気が高く、ほとんどが抽選になる。理由は、証券会社から株数限定の新規の株を買うことで、上場初日の買い需要を狙う投資法があるからだ。抽選で買えたら、上場初日の朝、取引開始直後に売却するという、発行市場を活用した手法である。

日本には株の取引所が４つある

流通市場は拡大していく

日本では株取引の９割以上が東京証券取引所となるが、地方にも地元密着型の証券取引所が株式の流通のために存在している。そして東京証券取引所はアジア最大規模という非常に大きなマーケットを有している。

世界の証券取引所

世界証券取引所ランキング（2018年）

順位	取引所	時価総額	世界シェア
1位	ニューヨーク証券取引所	2514 兆円	34.1%
2位	NASDAQ	1188 兆円	16%
3位	東京証券取引所	659 兆円	7.8%
4位	上海証券取引所	544 兆円	7.3%
5位	香港証券取引所	484 兆円	6.5%
6位	欧州ユーロネクスト	473 兆円	6.3%
7位	ロンドン証券取引所	378 兆円	5.1%

※時価総額・世界シェア 2018 年５月末時点 Visualing.Info（http://visualizing.info）調べ
※ユーロネクスト…フランス・オランダ・ベルギー・ポルトガル　※2018 年５月末の為替で換算

日本の証券取引所

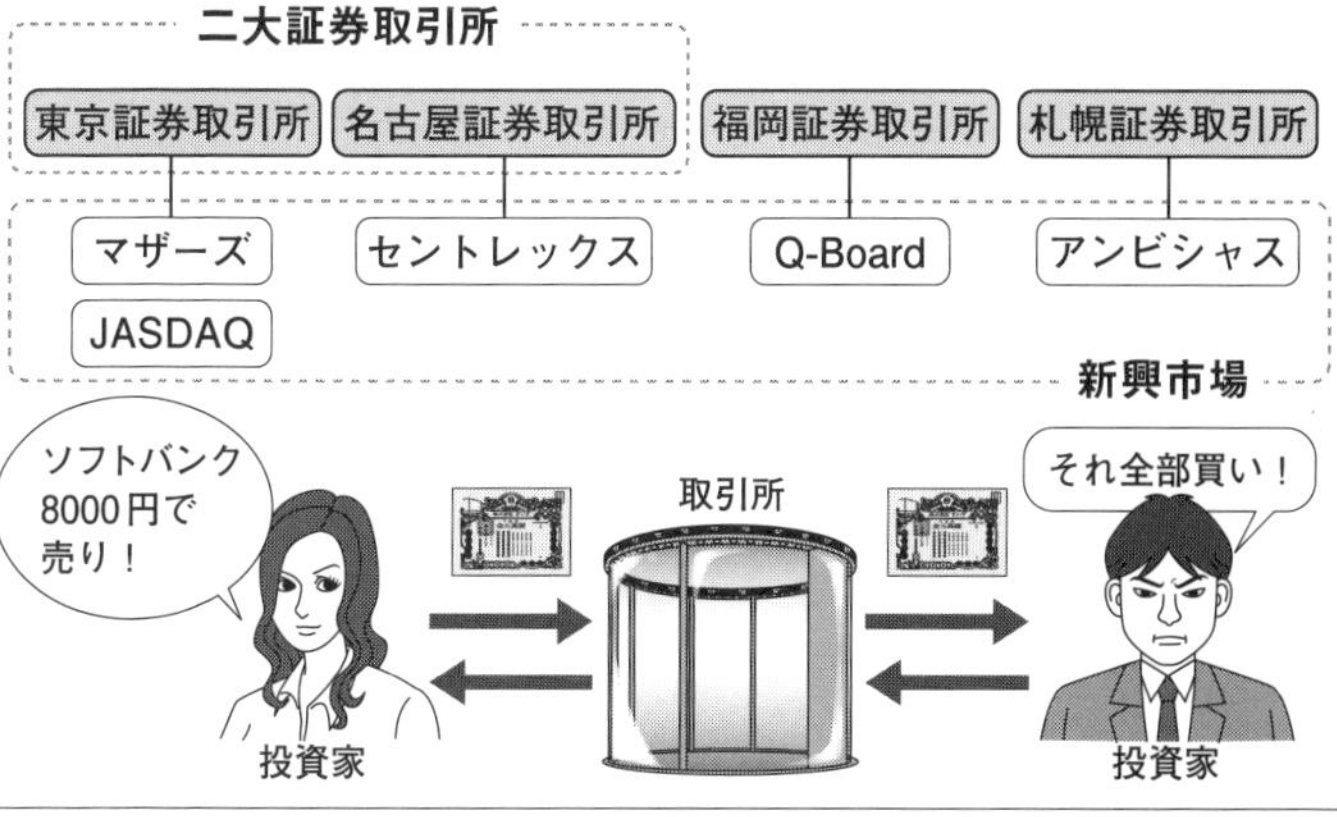

市場のカラクリ②

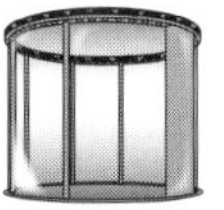

株式市場の参加者を知ろう

株式市場は、「マーケット」という抽象的な言葉で表現されることがある。さらに、「ギャンブル」「戦場」なども表現される。戦場という言葉は、**外国人比率の高さ**を表している。東京証券取引所の売買シェアの5割以上は外国人投資家なのだ。そのため、日本経済は、外国人に支えられている反面、支配されているというイメージを持つ人もいる。

個人投資家は約3割の売買シェアがあり、外国人に次いで多い。個人投資家の利点は**自由であること**である。当然ながら日本人は日本の情報をいち早く入手して、次の一手に反映できる。売買の制約は少なく、取引時間も自由だ。税金、取引手数料も安く、至れり尽くせりの一番有利な立場である。

そして、残り2割ほどのシェアが、機関投資家である。機関投資家とは、銀行、保険会社、証券会社、ヘッジファンド、年金基金などの企業形態の投資家のことである。基本的に、客から預かったお金を運用しているので、安定性を重視して、長期投資がメインとなる。しかし、証券会社の自己売買部門、ヘッジファンドは、比較的自由な取引で積極的な投資をしている。

取引には必ず相手がいるものだ。ここに挙げた取引参加者は、大相場の立役者として新聞などに登場することもある。特に、外国人投資家の動向は、売買シェアが高いので注目されている。自分が誰と株の取引をするのかはシステム上分からないようになっているが、顔が見えなくとも、市場にどんな人々が参加しているのか、自分の相手がどんな人物なのかは知っておいた方がいい。

外国人投資家が圧倒的なシェアを持つ

市場では外国人投資家の動向に注目

マーケットの捉え方は参加者によって違う。投資に対する姿勢で分けるならば相場師・投機家・投資家となるだろう。ここでは株式市場の参加者を、法人・個人・国内外と分けて、その投資スタイルを見てみよう。

市場につどう投資家の割合

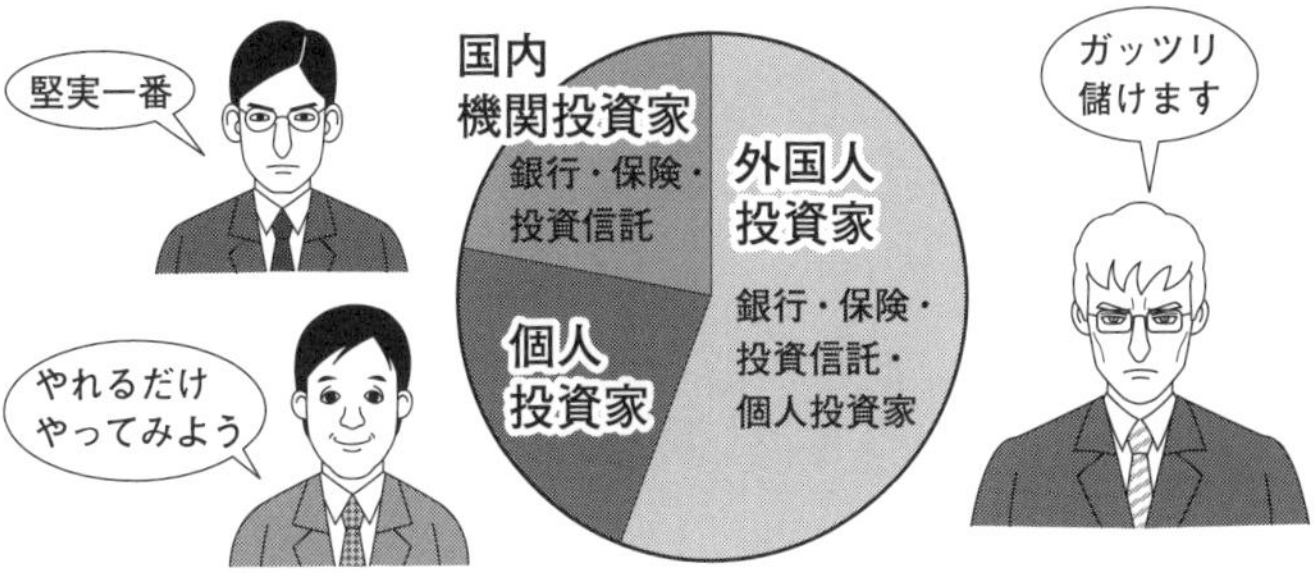

各投資家の特徴

国内機関投資家の特徴

銀行・保険・投資信託

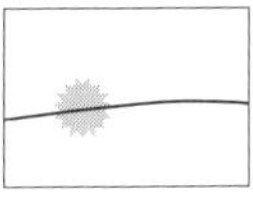

安定した優良企業で長期投資を目指す

証券会社（自己売買部門）

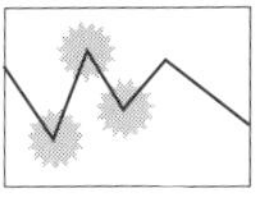

短期的に相場を捉えて大きな流動性を生む

外国人投資家の特徴

銀行・保険・投資信託

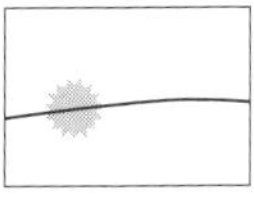

グローバル投資の一環で日本の優良企業に投資

証券会社・ヘッジファンド

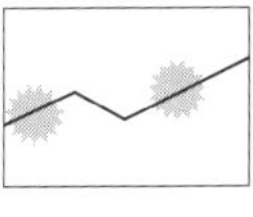

大きな資金で相場を一方向へ動かす

個人投資家の特徴

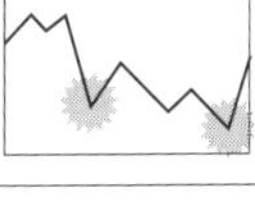

安値を狙う逆張り投資が多い。決算期などの制約がなく自由な投資が可能。

東証には一部と二部がある

市場のカラクリ③

取引所は東京以外の地方にもあるため、銘柄の選別より先に、取引所をどこにするかを決める必要があるように見えるかもしれない。しかし、株を買う注文を出す際には、自動的に**「優先市場」**として、出来高のある取引所（主に東証）が選択されるので安心だ（ネット証券の多くは、地方取引所への取次をしていない場合もある）。

一般的な株の売買は、証券会社を仲介して、東京証券取引所（東証）がメイン会場となる。東証の内部は、一部、二部、マザーズと分かれていて、東証一部に約１８００社、東証二部に約６００社、東証マザーズに約１９０社が上場している。**東証一部は大企業、マザーズは新興企業**という大まかな枠組みがある。

東証へ新規に上場する会社は、まず東証二部に申請を行うのが基本である。上場審査基準が二部の方が低く、時価総額や従業員数など、**会社の規模の差が東証一部と二部の差**だと考えてよい。東証二部に上場してから一部を目指すのだ。これを「指定替え」という。東証マザーズは、東証二部よりさらに上場審査がやさしく、起業して間もないベンチャー企業も短期間で上場できる。さぞかし荒れた市場なのだろうと思う人もいるかもしれないが、近年では、リスク情報の適時開示、内部管理体制は厳格化され、会社説明会は年2回以上とするなど、経営の透明性が図られている。

取引所というのは、**資本主義経済のボトム**であり信頼で成り立っている。信頼とは上場企業の透明性のことで、新しい会社もしっかり管理して上場させる責任がある。そして、証券取引そのものを継続させる責任もあり、戦後一度も、取引所は休館せずに使命を果たし続けているのだ。

東証一部には日本を代表する企業が多い

上場した時点で投資に値する企業である

東証一部と二部の違いは会社規模の差。マザーズは、新しい事業に挑戦する企業（ベンチャー企業）を応援するために用意された市場。東証二部やマザーズに新規上場してから東証一部を目指すのが基本である。

取引所の内部で市場が分かれている

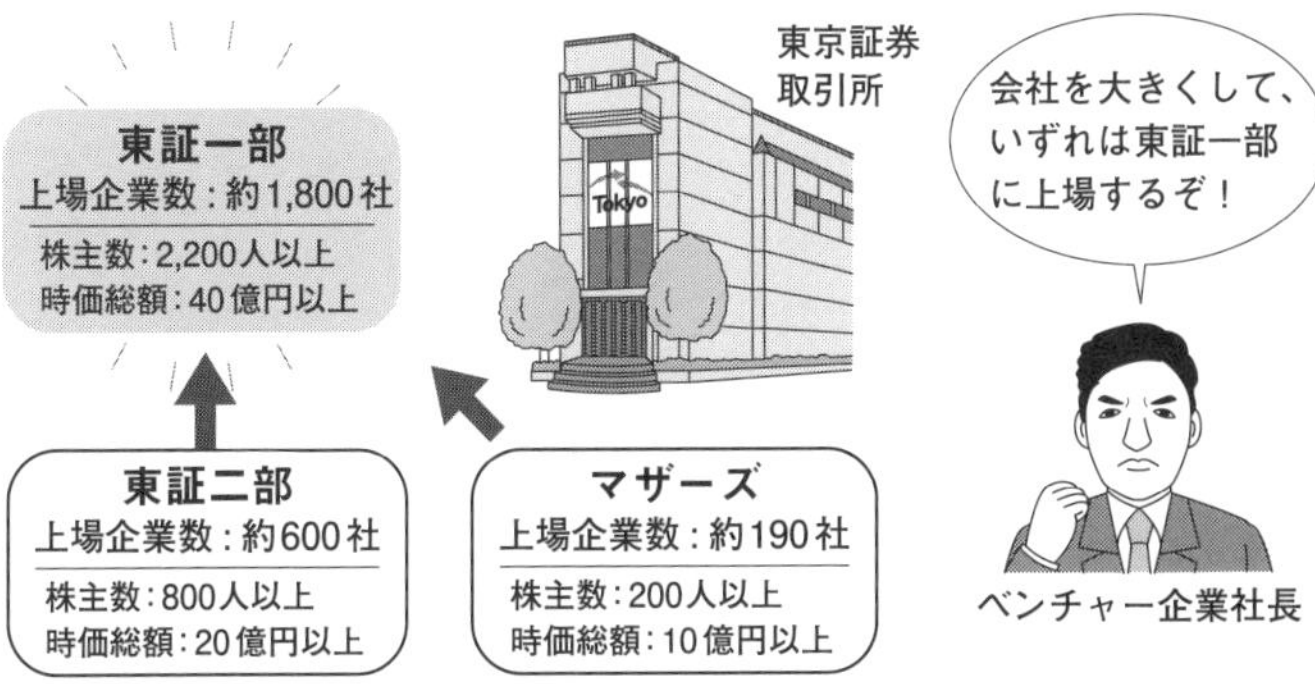

上場のメリットとデメリット

取引所は進化し続ける

この数年、世界中の取引所に異変が起こっている。２０１２年7月、ロンドン金属取引所を香港取引所が買収した。２０１２年12月には、アメリカにて、インターコンチネンタル取引所によるＮＹＳＥユーロネクストの買収があった。そして、２０１３年1月、東京証券取引所と大阪証券取引所（大証）が経営統合して、**日本取引所グループ**が発足したのだ。

どういうことだろうか？　次々に取引所が合併して、ネットショップのアマゾンのように大きくなっているのである。東証は、大証の株式部門を吸収して規模を拡大した。これは、ここまで何度も出てきた**グローバル化**の一端に違いない。前項の外国人比率の話からも分かるように、資金の流れはすでにグローバル化している。世界を流れる巨額の資金を受け入れるには、大きなマーケットが必要なのだ。

そして、規模の争いの他に、電子取引に伴う高速システムの争いでもある。東証は、機関投資家からの要求に応える形で、**次世代株式売買システム「arrowhead（アローヘッド）」**を導入した。これにより、株の注文を出して、取引が成立するまでにかかる時間が、今までの2秒から、マイクロ秒（１００万の1秒）という体感すらできない速さに変わったのだ。外資の機関投資家は、これまで欧米に比べて処理が遅かった東証の旧システムに、自己の売買システムを接続するのを懸念していたが、それも払拭されるだろう。

前述した香港やアメリカでの買収も、次世代システムを持つ取引所が、古い体制の取引所を買収して変化を遂げている。新しいシステムには取引が集まる。規模と次世代システムの争いは今も続いているのだ。

取引所のグローバル対応

市場拡大と次世代システムで世界標準へ

証券会社は顧客が取引した金額に対して「場口銭」と呼ばれる手数料を取引所へ支払っている。よって、取引所は魅力ある市場を提供し、投資家を呼び込む必要があるのだ。

日本取引所グループの誕生

東証と大証が経営統合して、日本取引所グループが発足。東証が有する次世代システムへ統合され、マーケットが拡大した。

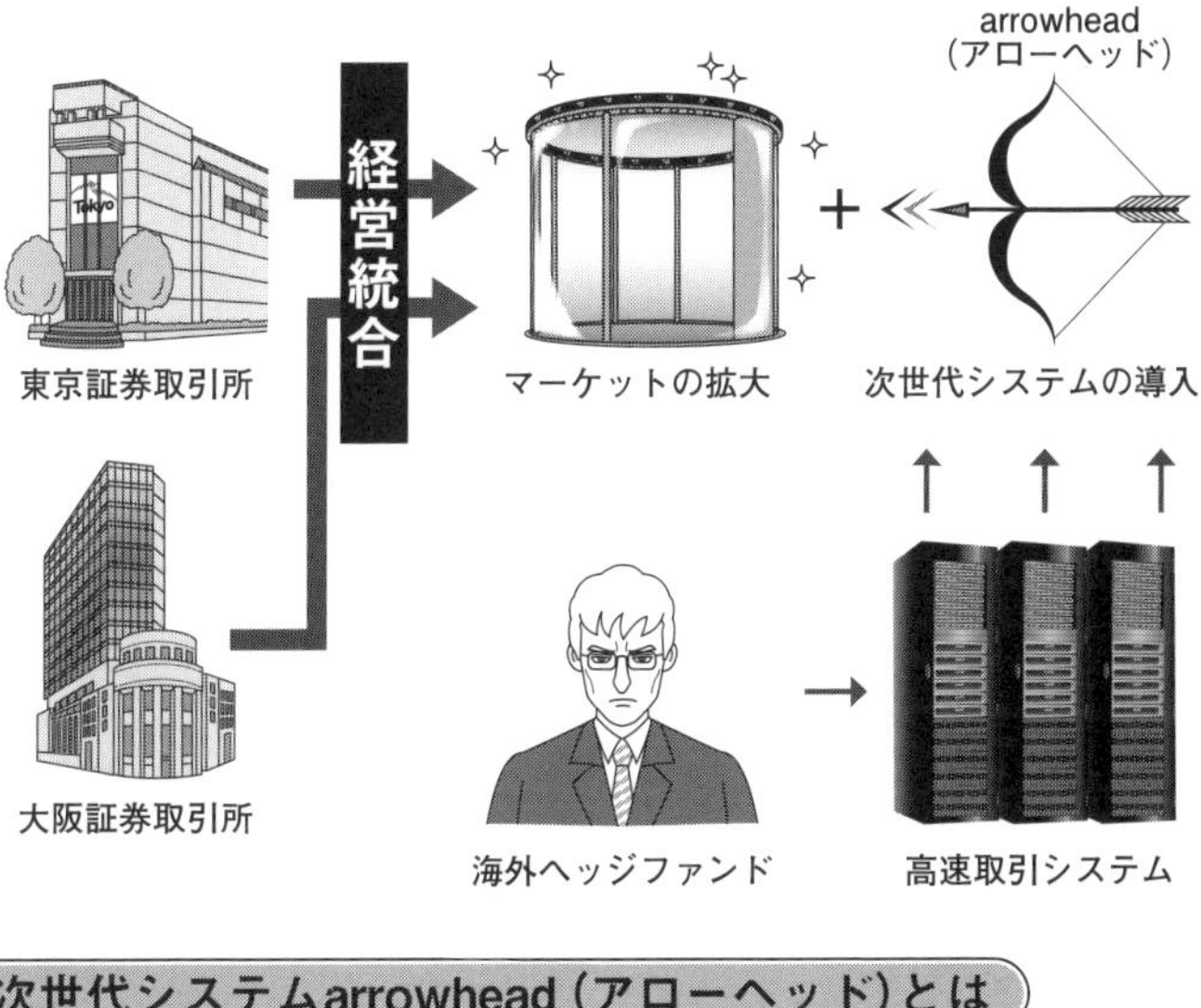

次世代システムarrowhead（アローヘッド）とは

発注から約定完了までが高速！

自動売買の負荷にも耐えられる

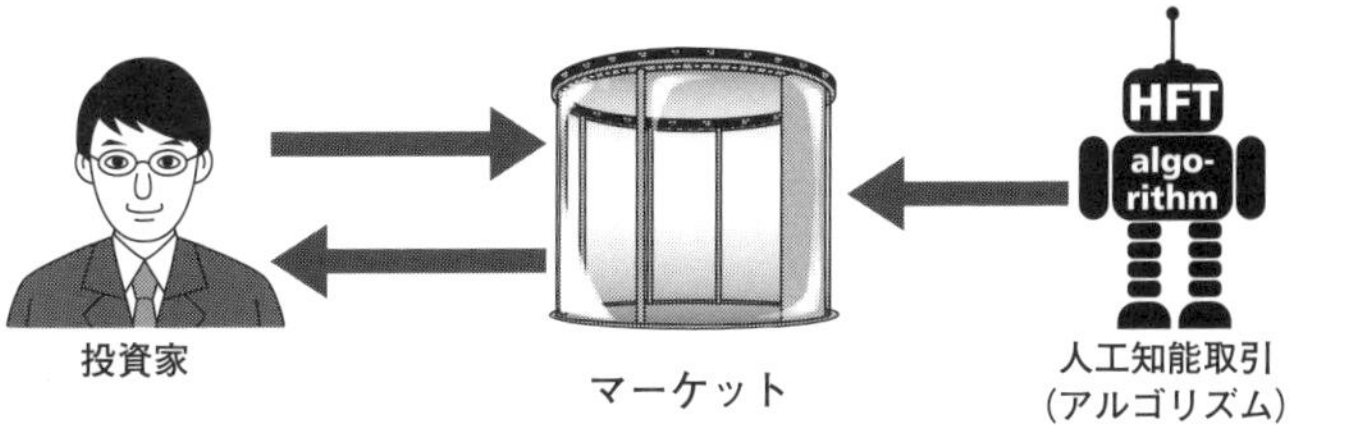

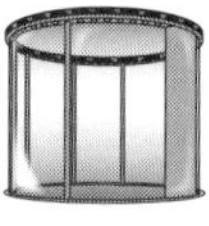

私設取引所（PTS）とは？

「金融ビッグバン」という言葉を覚えているだろうか？　１９９６年から２００１年にかけて実施された大規模な金融制度改革のことである。これを受けてネット証券が登場し、手数料の自由化によって、一気に個人投資家が市場へ参加することになった。

また、注目すべき改革に**「私設取引所（PTS）」**の導入がある。通常の株取引は、証券会社を仲介して取引所へ発注を行うが、PTSでは自社システムで処理をする。要するに、東証などの公設取引所とは別に、証券会社が手作りの市場を作ることが可能になったのだ。現在運営されているPTSは、SBIジャパンネクスト証券の**「ジャパンネクストPTS」**と、チャイエックス・ジャパンが運営する**「チャイエックス」**である。

ジャパンネクストPTSの方がメジャーで、SBI証券に口座開設をすれば、東証で買うのと同じ手順でPTSでも買うことができる。ただ残念ながら、他の証券会社からは取引できない。チャイエックスは、アメリカ系のインタラクティブ・ブローカーズ証券で口座を作れば取引可能だが、上級者向けで少しハードルが高い。

ジャパンネクストPTSで取引するメリットは、**夜間でも取引ができる**点である。月曜日～金曜日の８時20分～16時のデイタイムに加えて、19時～23時59分のナイトタイムで国内株式の取引ができるのだ。これなら、仕事を終えたサラリーマンでも取引が可能で、夕方のニュースにも対応できる。

デメリットは、ボリュームがまだ少ない点だ。日本の株取引全体に占めるPTSの売買代金の割合は３％ほどであるが、年々増えているので、今後の代替市場としての役割に期待したい。

私設取引所（PTS）で夜間取引

海外市場に連動するPTS

私設取引所（PTS）とは、証券会社が運営する市場。現在ではSBI証券のグループ会社が運営するPTS市場がある。夕方以降に取引が開始される海外市場を見て日本株を取引できるなどメリットが多い。

公設取引所と私設取引所

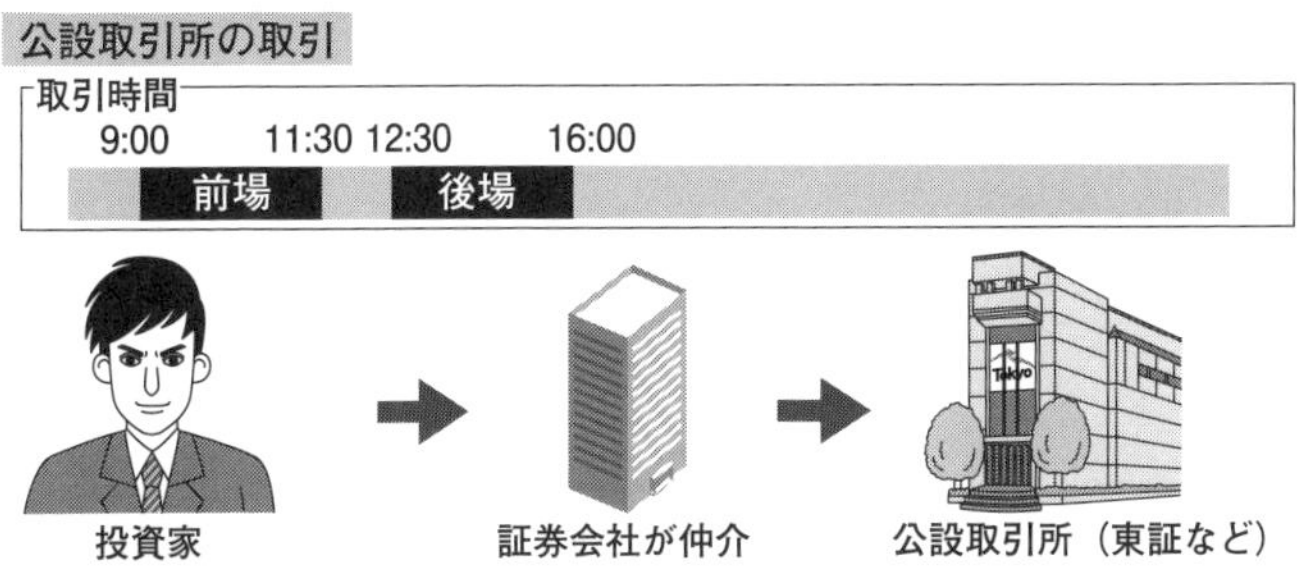

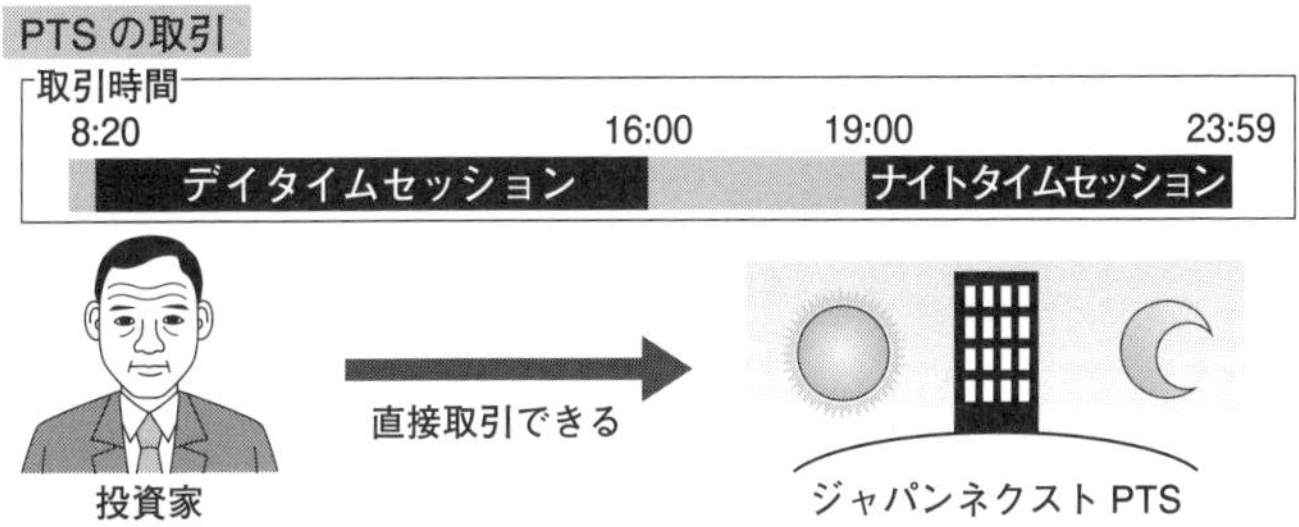

PTSのメリット・デメリット

日経平均株価・ＴＯＰＩＸとは？

市場のカラクリ⑥

ビジネスニュースを観ていると、「本日の**日経平均株価**は、前日比○○円高の終値で○○円です」といったアナウンサーのセリフをよく耳にする。「だから何だ？」と思っていたのが、若き日の私である。

日経平均株価とは、**東証一部の代表に選ばれた２２５銘柄の平均株価指数**である。２２５銘柄に選ばれるのは、時代に合った銘柄、出来高が安定した銘柄などで、定期的に入れ替えが行われる。たとえ２２５銘柄の中で数銘柄だけ大きく上昇して、平均株価を押し上げたとしても、「株が買われて堅調な相場であった」と、アナウンサーが原稿を読み上げるのである。一方、**「ＴＯＰＩＸ」**は、東証一部全体の銘柄を対象に算出する指数なので、ＴＯＰＩＸの上昇は相場全体の上昇を的確に表している。

株価が上昇すれば、投資家のキャピタルゲイン（値上がり益）が期待できる。なので、投資家にとっては嬉しいニュースだ。しかし、株を発行している会社側は、日経平均が上がって、株価が上昇しても、直接上昇した分のお金が会社へ入ってくるわけではない。ではどんな影響があるのだろうか？

会社の株価が上昇すると、敵対的なＭ＆Ａ（買収・合併）の標的にされず、逆に、自社株との交換方式で買収する側になることができる。高い株で安い株の会社を買ってしまうのだ。そして、持株の担保価値が高まり、銀行から大きなお金を融資してもらえる。

日経平均株価とＴＯＰＩＸは、**景気のバロメーター**でもあり、過去の値動きから、日本経済の浮き沈みを正確に反映している。

景気のバロメーター

日経平均株価は代表225銘柄の平均

日経平均は最もポピュラーな株価指数。代表の225銘柄は、現代の軸となる産業から定期的に選定されていて、産業構造の変化も窺える。TOPIXは東証一部全銘柄を対象とした指数で、より正確に相場動向を表している。

日経平均株価とTOPIX

日経平均株価は日本経済新聞社、TOPIXは東証が算出し公表している。

基幹産業と時代に合った業種から選ばれた225銘柄の平均株価

日経平均株価　2万667円　(2019年2月12日)

↑ 選抜225銘柄

東証一部
上場企業数：約1800社

日経225指数に採用された企業は東証一部の代表ですから、憧れられます

↓ 全社対象

TOPIX　1,562ポイント　(2019年2月12日)

1968年の時価総額を100として、現在の時価総額を指数化したもの

日経平均株価の歴史

日経平均株価は、企業実績に影響を与える政治・経済・地政学的要因で大きく動いているのが分かる。

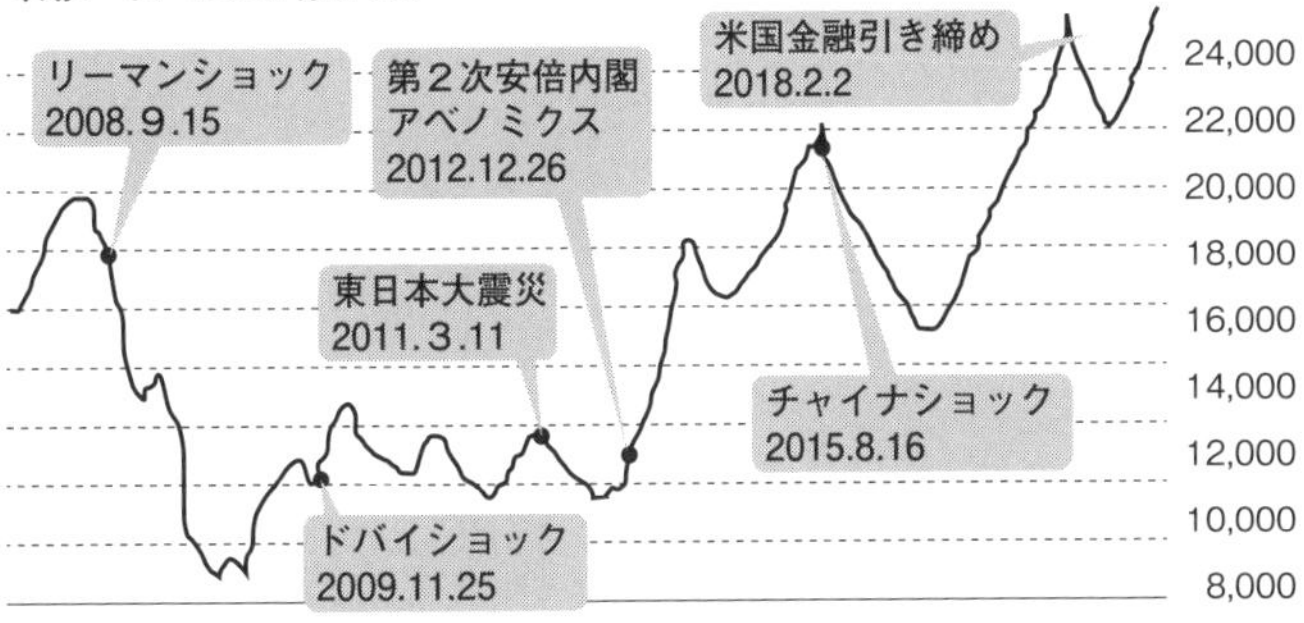

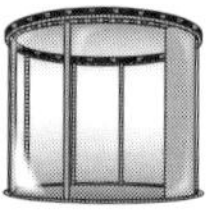

市場のカラクリ⑦

日経225先物取引は効率的

先物取引の歴史は古く、1730年に大阪・堂島米会所の取引を江戸幕府が公認したのが起源とされている。当時の経済は、米が中心で、例えば3ヵ月後に、米をこれだけいくらで買う、売る、という約束を結ぶ帳合米取引（帳簿上の売買）を行っていた。これが、先物取引である。

先物は、**「金融派生商品（デリバティブ）」**とも呼ばれている。3ヵ月後に売買する価格を、今決めて約束を結ぶ理由は、**リスクヘッジのため**である。3ヵ月後の米の価格が下落すると予想すれば、今の価格で3ヵ月後に買ってくれる人と、前もって契約しておいた方がよい。この**権利の売買**が先物取引であり、日経225先物取引も同じなのだ。対象が米ではなく、日経平均株価にしたのが**「日経225先物取引」**である。例えば、最近ニュースで米中貿易摩擦を目にする機会が増えてきたな、と思ったら、このニュースが与える自分の株式への影響を測る前に、不安だから先物を少しだけ売っておく、という手も有効である。日経平均が下落した場合も、株では損失が出るが、先物のポジションは利益になるからだ。逆に日経平均が上昇したら、株では利益が出て、先物には損失が発生する。このように、先物取引の役割はリスクヘッジにあるのだ。

この先物取引の参加者にはデイトレーダーもたくさんいる。**相場全体の上下を予想して取引するのは、個別の銘柄を取引するより効率がいい**のだ。相場全体が下落すると思えば、売りポジションを建て、好きな時に買い戻して利益確定、上昇すると思えば買いポジションをとって、上がったら利益確定をする取引となる。

相場の下落で利益を狙える取引は、先物取引の他に、株の信用取引（136ページ参照）がある。

株の買い・先物の売建でリスクヘッジ

未来の株価を予測して売買する

日経 225 先物取引は、日経平均株価指数を売買する取引。この先上昇すると思えば買建、下落すると思えば売建を行う。3ヵ月ごとの第 2 金曜日（SQ 日）に自動的に決済されるが、短期売買も可能である。

日経 225 先物のルール

日経 225 先物は「○月限」という名前で分けられている。6 月限の先物は 6 月の第 2 金曜日（SQ 日）に決済される。

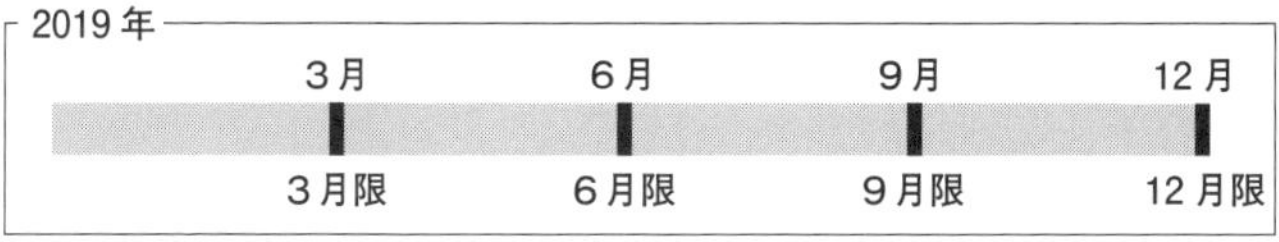

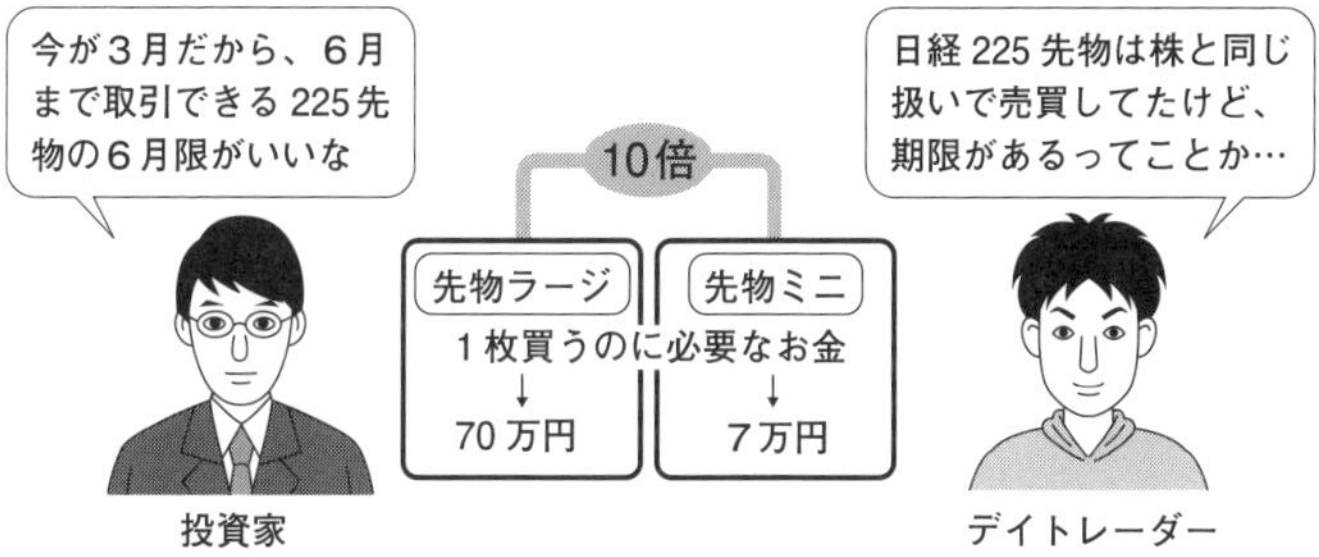

先物を使った株のリスクヘッジ取引

日経 225 先物は、日経平均株価が下がった時に利益が出る「売建」ができる。

市場のカラクリ⑧

株価は未来を予測している

株価は、よく半年先の景気を表していると言われる。しかし、そんなことが可能なのだろうか？　何を根拠に未来の景気を予測していると言われているのか、調べてみよう。

ニュースや電車広告に「不景気」の文字が躍る中で、政府と日銀が実施した政策は**「金融緩和政策」**である。金融緩和には、私達の生活にお金を流すという意味合いがある。これが執行されると、**金利は低下**し、**日銀が当座預金残高を増やす**ので、銀行の融資は拡大すると予想できる。ローンは組みやすくなり、銀行に預金しても利息がつかないので、お金が消費や投資に向かい、企業の業績が回復するということだ。企業業績が回復すれば、雇用を生んでまた景気が再浮上するという景気サイクルも想定できる。

この金融緩和政策のタイミングで株を買う人が増える。そうすると、景気の回復が追い付かないうちに株価が高くなるという**「不景気の株高」**と呼ばれる現象が起こる。株価は、業績予想や政府の対策など常に未来を織り込む動きをする。そのために、株価は未来を予測し、**景気の先行指数**とも呼ばれているのだ。

金融緩和政策の反対に、「金融引き締め政策」がある。私達の生活からお金を吸収する政策だ。前述した金融緩和でお金が余り過ぎると、不動産などへの過剰投資でバブルが発生する。お金を不動産や株・債権に換えれば担保価値を持つが、その担保の価値が弾けた時に大きな負債となってしまうのだ。よって、金融引き締め政策の目的は、過熱した景気を冷ますことにある。日本と同じように世界の国々は、緩和と引き締め政策をうまく交互に切り替えて実施し、景気のバランスを維持している。

日経平均株価は景気の先行指数

買われる・売られる株には理由がある

金融政策とは、日本銀行が政府と連携して、金利と物価（インフレ・デフレ）の問題を解決させるために通貨供給量を調整すること。政策が打ち出されると同時に、株はその成果を待たずに見通しで売買される。

株価は未来を織り込む

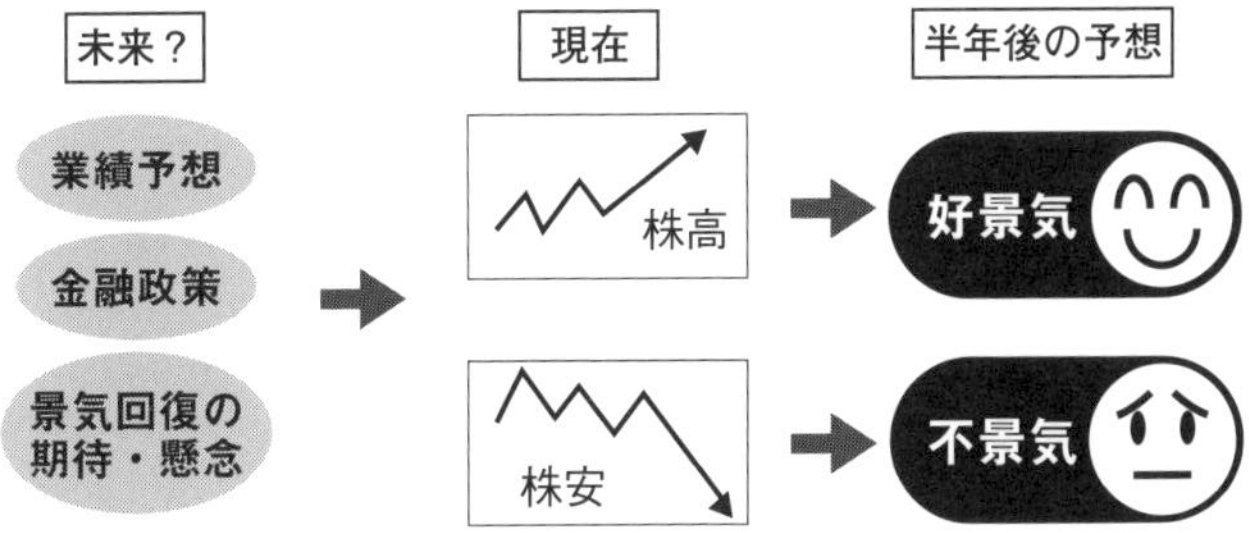

景気のサイクル

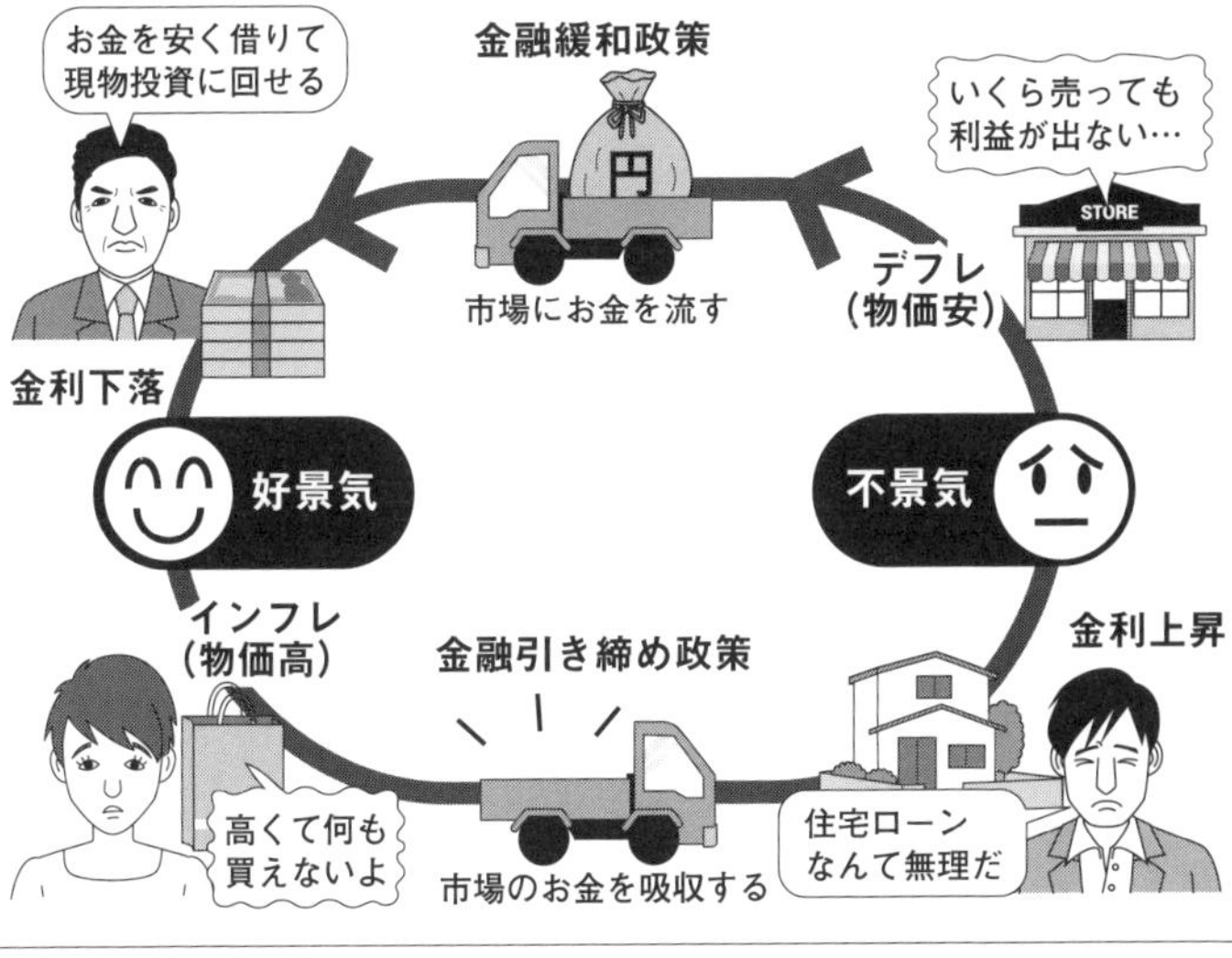

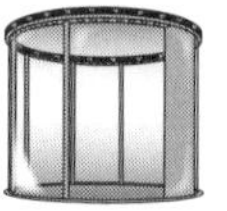

経済指標に注意せよ！

市場のカラクリ⑨

経済指標は、評論家の事前予想と公表結果とのギャップを測り、改善しているか悪化しているかの判断をするもので、発表後に相場が動く。具体的には次のようなものがあるが、注意が必要なのが米国の指標だ。日本時間の夜間に発表されるため、短期トレーダーは発表前にポジションを作らないのが鉄則である。

・**米国雇用統計**…毎月、夏時間21時30分・冬時間22時30分発表

非農業部門雇用者数、失業率等の項目があり、金融政策の判断材料となることから、世界の経済指標の中でもっとも注目されている。株・為替を含めた金融市場全体が大きく動く。

・**米国FOMC（連邦公開市場委員会）**…年6回、夏時間27時15分・冬時間28時15分発表

FRB（連邦準備制度理事会）による2日間に及ぶ論議で、金融政策の重要事項が盛り込まれている。委員会での決定は、FOMC議事録として公表され、株・為替市場に大きな影響を与える。

・**日銀短観（全国企業短期経済観測調査）**…3ヵ月ごと、8時50分発表

第一線で活躍する企業経営者へのアンケート調査。調査企業数は1万社以上で、業績・設備投資・雇用状況などを見る。日銀の金融政策の判断材料になることから注目されている。

・**GDP（国内総生産）**…3ヵ月ごと、8時50分発表

国内で生み出された財やサービスの利ザヤ（付加価値）の総額。利ザヤの総額とは、原材料→半製品→製品→製品流通までにおいて上乗せされた価格の合計である。GDPの伸び率が日本経済の成長率に値する。

相場は突如として動く

デイトレーダーは経済指標に注意せよ

証券会社では、投資家に向けて「経済指標発表予定表」を提供している。なかでも米国の指標発表時には、そこに記載された予想数値より良いか・悪いかで世界中の金融市場が大きく動く。

相場を動かす指標

2018年9月7日、日本時間21時30分。アメリカの雇用統計が発表された時の値動きを検証してみよう。

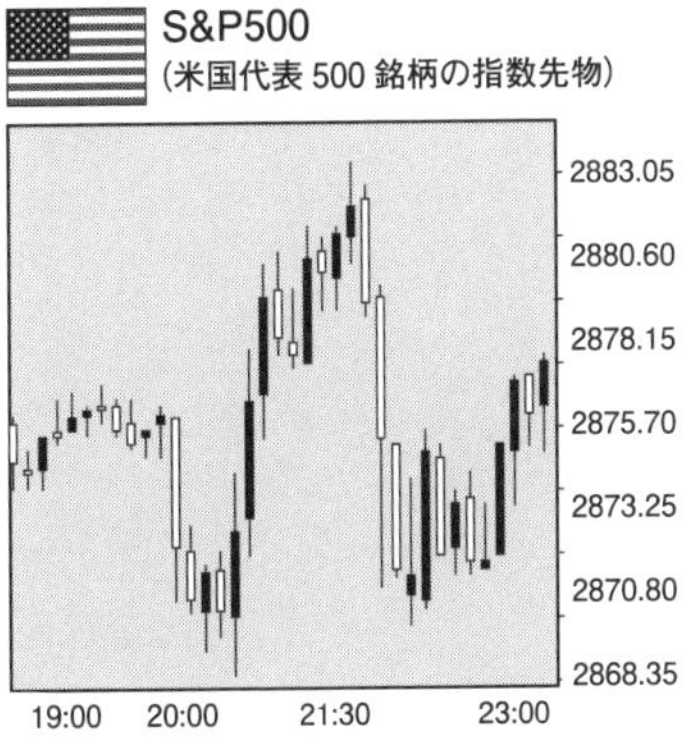

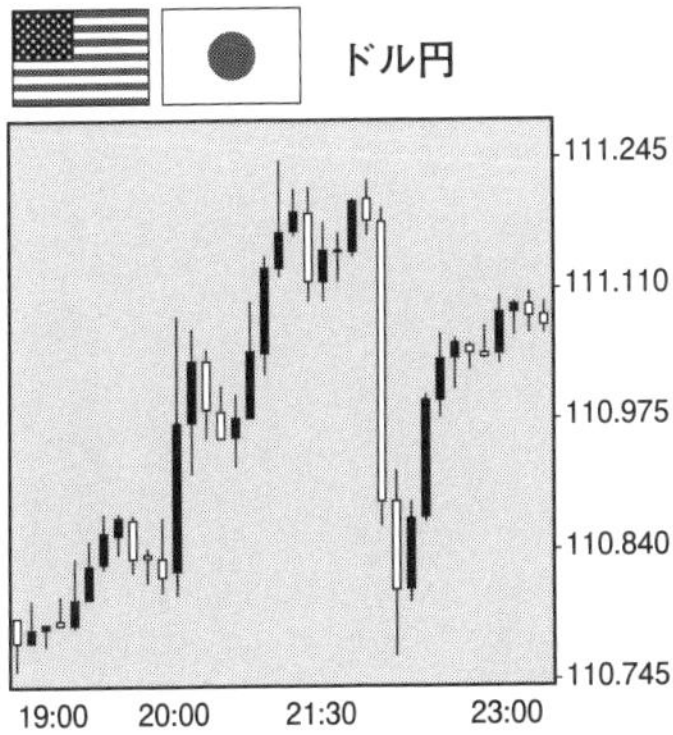

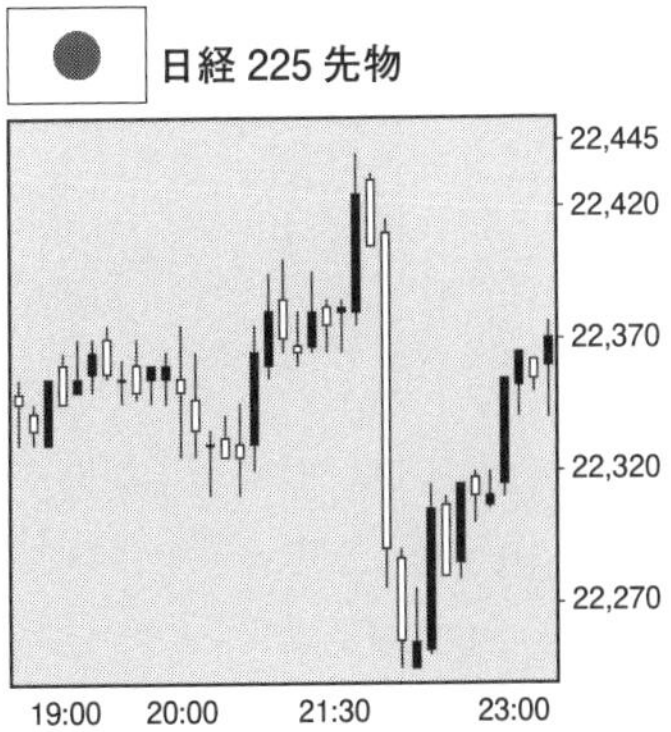

市場のカラクリ⑫

株と為替の関係

「日経平均株価・TOPIXとは?」(98ページ)に続いて、ビジネスニュースを目にした私の過去にはもう一つの「だから何だ?」があった。それは「今日は円高で株式が下がりましたね」というコメントである。

芸能から経済と一連の報道に耳を傾け、若いキャスターの身の丈に合わないコメントに苦笑しながらも、そのキャスターが発する最後のセリフの意味が分からなかった。なぜ円高で株式が下がるのだ?　――その原因は、**①海外で日本製品が売れなくなる**、**②ドルを円に両替したら雀の涙だ**、の2つにあった。

①例えば1ドル=100円から50円の円高になった時、2ドル用意してやっと100円と交換できる。つまり日本製品の価格が倍に跳ね上がってしまう。1万ドルで売られている日本製トヨタ車の値札が2万ドルに書き換えられる一方、海外勢の車が据え置き価格となる。ここぞとばかりに値下げ攻勢に転じられたらトヨタ車は一切買われなくなってしまうだろう。業績の低迷に伴ってより怖いのがシェアの低下である。

②海外で事業を展開する日本企業は決算にドルを使っている。そのため、現地の売掛金だけではなく常日頃ドル資産を保有していることも想像に難くないだろう。雀の涙とは、もし1ドル=100円から50円の円高になった場合、ドル資産の価値が半減してしまうことである(為替差損)。

キヤノンは1円の円高で年間の営業利益を100億円ほど押し下げられる。当然、株価も反応する。反対に「円安」となった場合はすべて反対の好循環に作用する。円安で株価上昇、日本の代表的な上場企業には輸出企業が多いため、為替の円高円安に株価指数が過剰に反応するといった特徴があるのだ。

円高・円安は企業業績に影響あり

円安で外需、円高で内需企業が儲かる

一般的に知り得る円高・円安の影響は、外国製品が安く（高く）なるということ。しかし、為替は日本製品のシェア、企業業績・株価、ファッション・トレンドなど様々な場に影響を与えていることが分かる。

円高と円安の関係

円高 の場合…私たちが買う側

海外製品が
日本で安く買える

海外旅行をする
日本人が増える

→ 輸入や旅行など
海外のものを扱う
内需
の会社が儲かる

円安 の場合…私たちが売る側

安い日本製品が
海外で売れる

日本へ来る
外国人旅行客が増える

→ 輸出業や
製造業など
外需
の会社が儲かる

為替と株価の関係

	円高	円安
外需株 自動車・電機メーカーなど		
内需株 薬品・鉄道・小売など		
株式市場全体 日経 225・TOPIX		

**株式市場全体が
円安を好感する理由**

1. 輸出企業が
多く上場している
2. 日本の基幹産業が
輸出業に多い
3. 成熟した国内需要では
成長は見込めない

株価は夜に動く？

市場のカラクリ⑬

株取引を始めて「あれ、どうしてだ？」となることがある。それは、朝9時に株取引が開始される時点で、前日より大きく上昇・下落して始まる時があるからだ。前日の夜間にニュースが出たわけでもない。よく見ると、日経２２５先物（以後、先物）の価格に合わせて、相場全体が上昇・下落した位置から始まっている。

原因は簡単だ。前日の夕方以降に**先物の価格**が動いたのだ。取引時間を見ると、株の取引時間は9時～15時だが、先物の取引時間は9時～15時15分、16時30分～29時30分の2部制なのだ。この16時以降の夜間取引で先物価格が動くのだ。

先物は、東証一部代表の２２５銘柄の平均株価指数であった。そのため、この価格が動くと、東証の多くの株価がその水準にさや寄せする。そして先物が夜間に動くのは、**海外の株式市場の値動きに連動しているか**らだ。特に、イギリスの**「FTSE100種総合株価指数」**、アメリカの**「NYダウ株価指数」「NASDAQ株価指数」**に連動している。ネットで「世界株価指数」と検索してみよう。世界各国の株価チャート一覧が見つかり、日本を含む東アジアと欧米の株価が大まかに連動しているのが確認できるはずだ。そしてもう一つ、**為替**も先物の価格に大きく影響を与える。**為替市場の取引時間は、ほぼ24時間フルタイム**なのだ。

昔の日本の株価は、もっと単純に形成されていた。朝、日本経済新聞がポストに届くと、そのニュース記事で1日の株価変動の7割が形成されたと聞く。現代においては、ネット環境の整備とともに、先進国同士の経済的連携、それを受けた株価の連動は深まる一方であり、夜間取引の重要性が増している。

株価は夜も動いている

夜間の為替・欧米市場動向に注目せよ

東証一部の株価は、日経225先物の方向に大まかに連動して動いている。日経225先物は、株の取引が終了した15時以降も海外市場や為替の動向に連動して動き、翌朝からの日本市場に引き継ぐのだ。

夜間に株価に影響を与えるもの

欧州・アメリカ市場

為替（ドル円）

ニュース

世界の取引時間

15時以降は為替や海外市場の影響を受ける

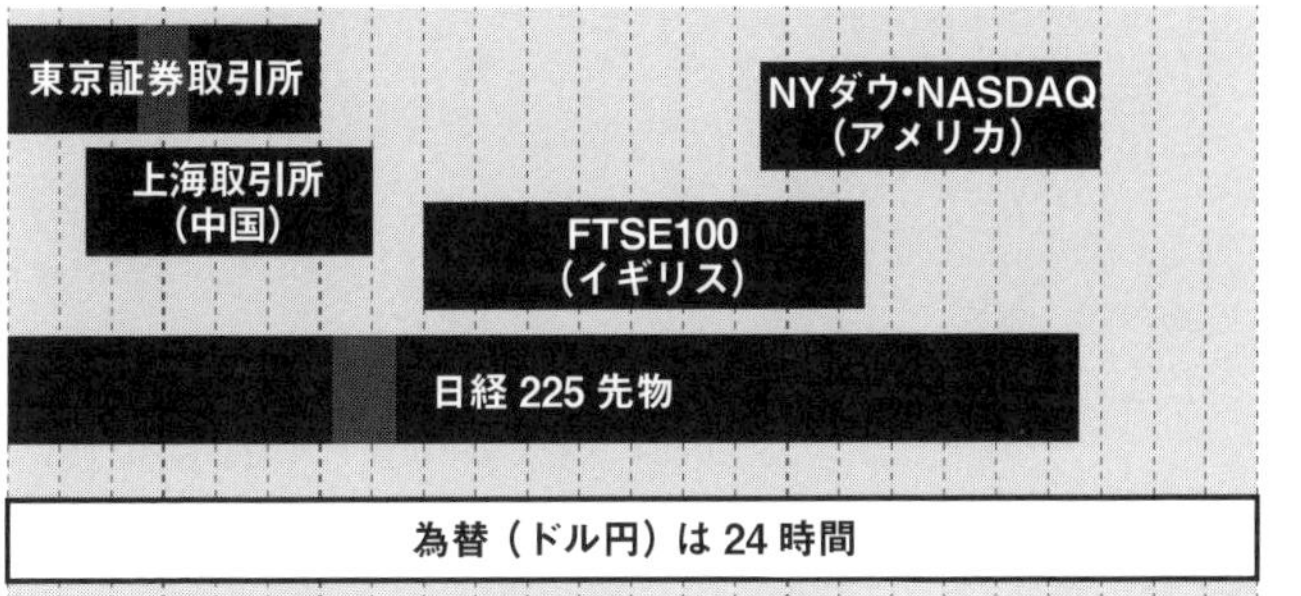

※■部分は休憩時間

日本の主な貿易相手国シェア

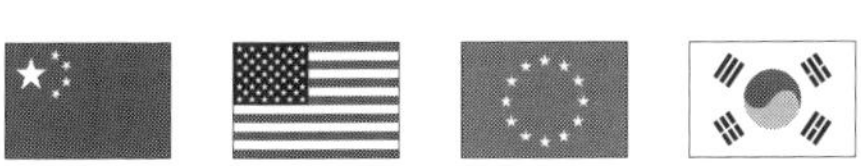

中国	アメリカ	EU	韓国
19%	19.3%	11.5%	7.6%

(2017年)

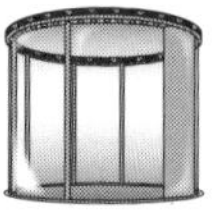

市場のカラクリ①

外国株投資の魅力

「ダメだな日本は――」このセリフは、私が人生で一番ダメだった頃の口癖である。その後、私の最初の一手が外国株だったのは言うまでもない。兎にも角にも日本株の次に外国株に目を向けるのは自然なことだろう。本項では、外国の企業に投資する魅力について解説したい。

日本の証券会社を通じて直接購入（ドルで購入）できる外国株は、米国をはじめ中国（香港）やベトナムなどに限られている。これら外国の企業へ投資する理由には、まず**資産防衛**が挙げられる。日本が本当にダメになっても外貨や外国の株式にお金を避難させておけば安心で、テロや天災、有事勃発で慌てて恋人をよそにお金の心配を口にするなどの失態も未然に防げるはずだ。

もう一つもっともな理由は、**成長著しい新興国やグローバル企業（主に米国）へ投資すること**である。ベトナムのホーチミン市を訪れるたびに街並みが劇的に発展していることに驚かされる。また米国には次の技術革命を担う企業の他に30年以上も連続で増配している企業が18年時点で94社ある。（日本では花王の27年連続増配のみ）安定した成長企業が多いことから長期を前提とする外国株投資に向いていることが分かる。

外国株投資の注意点として、外貨を円に戻す際に生ずる為替差損がよく言われるが、資産防衛という目的があるので問題にならない。日本を震源とした危機が深刻になるほど、円は売られて外貨が高くなるからだ。両替で損どころか利益になる公算が高い。他には国ごとのルールがあり、米国株では制限値幅がなく1日で株価が2倍や半値になったりする。株式が売買できる時間帯なども証券会社の窓口で調べておくべきだろう。

世界の株式を直接買える

資産防衛を兼ねた攻めの投資ができる

世界に目を向けると、とんでもない企業がゴロゴロとある。特に下で紹介する米国企業の P&G など、連続増配銘柄の株価は何十年も上昇を続け、今なおその最中である。長期投資で損を出した人など一人もいないのだ。

米国株・連続増配銘柄トップ3

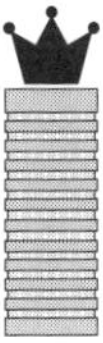

プロクター＆ギャンブル

「P&G」ロゴで有名な世界最大の日用品メーカー

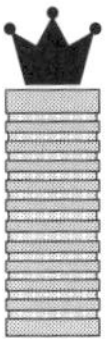

コカ・コーラ

ペプシコに続き世界第２位の飲料メーカー

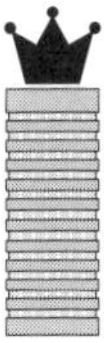

ターゲット

何でも揃う大手スーパー
ドン・キホーテの米国版

銘柄名	ティッカー（コード）	増配年数	配当利回り
プロクター＆ギャンブル	PG	62	3.1%
コカ・コーラ	KO	56	3.16%
ターゲット	TGT	51	3.78%

2018.12 現在

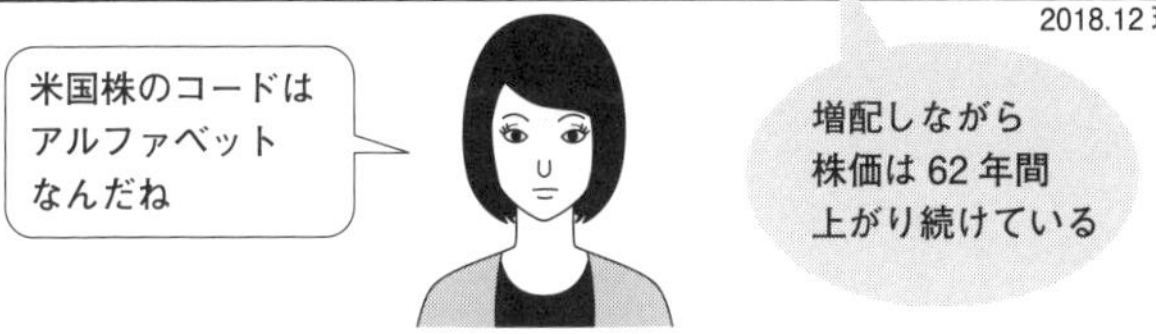
米国株のコードはアルファベットなんだね
増配しながら株価は 62 年間上がり続けている

外国株ってどこで買うの？

アメリカ株を買う　中国株を買う　ベトナム株を買う

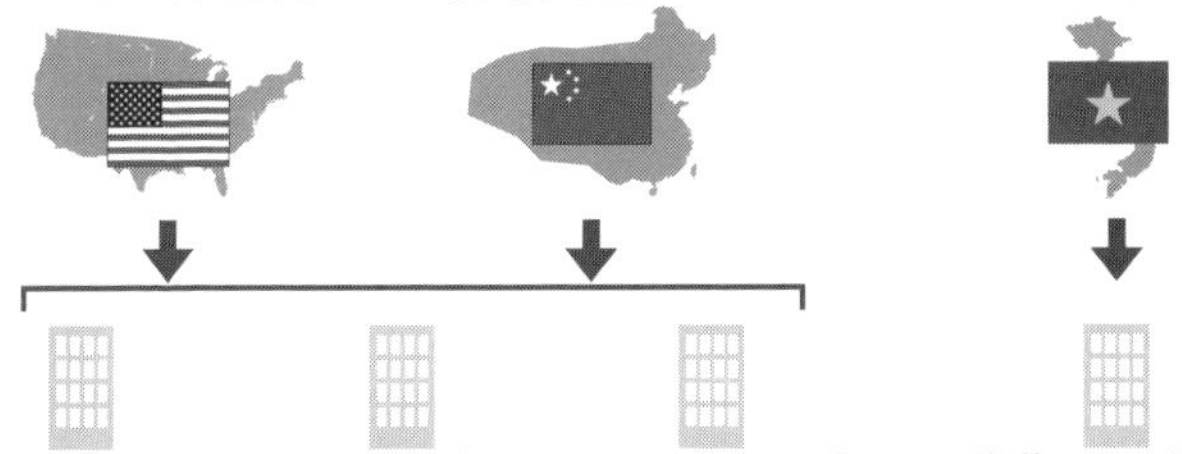

SBI 証券　楽天証券　マネックス証券　岩井コスモ証券

市場のカラクリ⑭

世界市場はリンクしている

108ページで、先物が夜間に連動する指数として、イギリスのFTSE100種総合株価指数、アメリカのNYダウ株価指数、NASDAQ株価指数、そして為替を挙げた。このことを具体的な例で確認してもらいたい。

日本時間の15時、昼間の取引において先物が2万2000円で取引を終了したとする。16時にはイギリスで取引が開始され、EU離脱問題でFTSE100種総合株価指数が150ポイント下落すると、その影響を受けて16時30分、先物が2万1900円（100円安）で夜間の取引を開始した。その後21時30分、米雇用統計の発表でドル円が1円上昇（円安）したので、先物が2万2200円（200円高）へ上昇。そして22時30分、アメリカで取引が始まる。ここでアメリカの2つの株価指数に左右され、先物が2万2300円（300円高）で夜間取引を終える。そして翌朝9時、その価格が日本市場の取引開始価格の目安となるという流れだ。

これだと、「寝ている間にも値動きがあって何か嫌だな……」と思うかもしれない。しかし、**アメリカ市場は、世界を牽引して100年以上前から史上最高値を更新し続けている**。そのため、日本時間で下がってもアメリカが強くて翌朝は高いという具合に、連動しているおかげで助けられている面も多いのだ。

昼間の日本市場もまた、世界と無関係ではいられない。昼間は昼間で、為替、上海市場、韓国市場などの東アジア各国の取引時間と重複する。中でも注目されるのは**「上海総合指数」**で、上海の取引所が開くのは10時30分。この直後は、上海の相場に振られて、日本市場も値動きが荒くなる時がある。**上海が大きく動くと、日本市場もその方向へ引っ張られることになる**のだ。

日本市場はNYダウ・NASDAQの影響が大きい

グローバル化がもたらす世界の連動性

日経225先物の夜間取引は、2007年に19時までの取引で導入され、2016年に29時30分まで延長された。株取引においても東京証券取引所の夜間取引が検討されている。

夜の間に動く株価

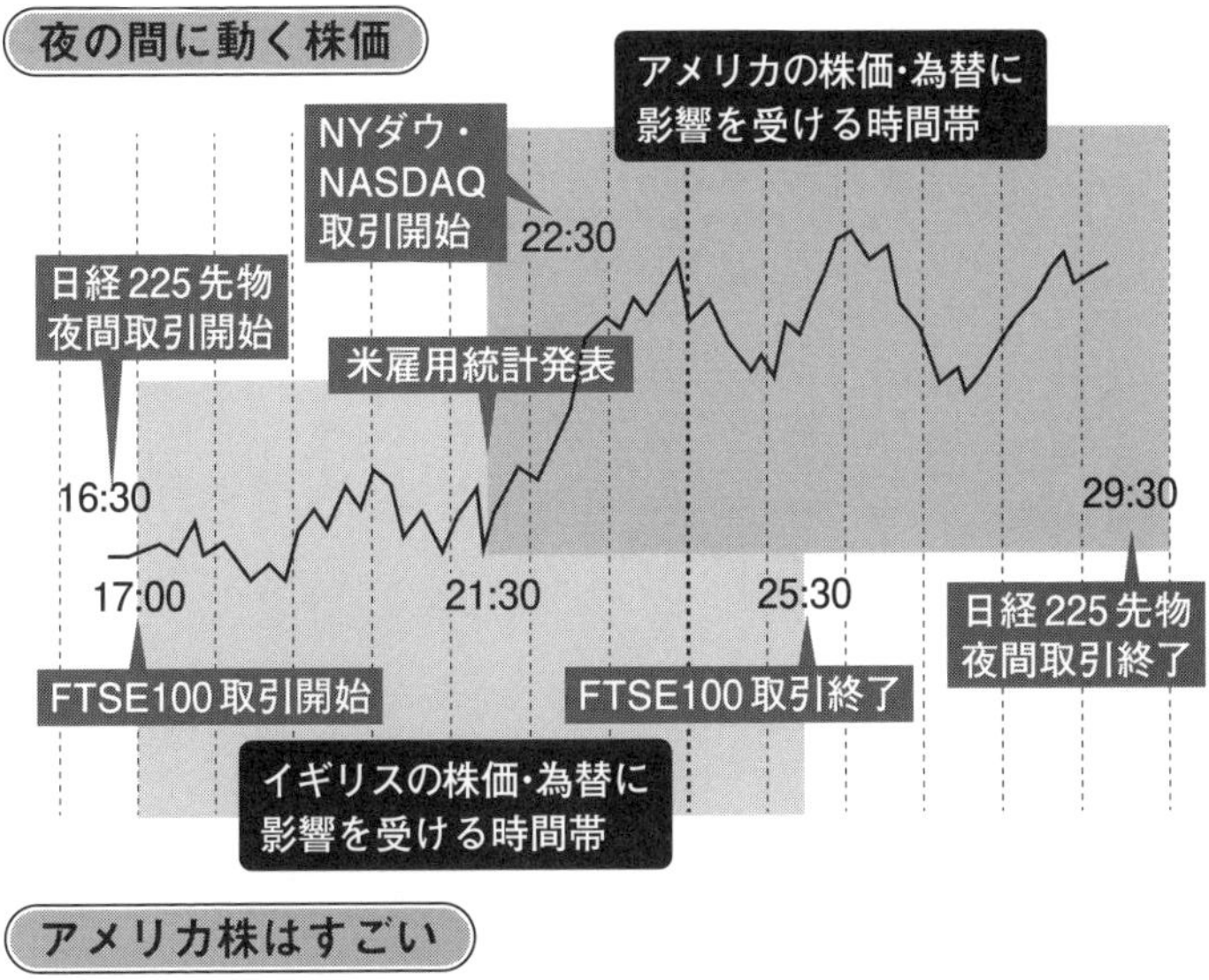

アメリカ株はすごい

市場のカラクリ①

投資家とトレーダーはどう違う？

投資家は立派な職業の一つである。株式投資を始めて間もない人だって「私の職業は投資家です！」と胸を張って言えるだろう。なぜなら、大抵の人が企業の将来性に期待して投資をしているからである。具体的に言うと、企業の財務状況に目を向けてその本質的価値に対して株価が割安かどうかの判断をしている。

そして、投資家は兼業と専業に分けて呼ばれることがあるので覚えておこう。兼業投資家は、会社員などをやりながらかたわらで投資もやっている人を指し、専業投資家の方は、株や不動産など資産運用のみで生計をたてている人を指してそう呼ばれている。

では、俗に言う「トレーダー」とは何なのだろうか。

モニターの点滅する数字に一喜一憂しているイメージのトレーダーだが、トレーダーを日本語で直訳すると証券を売買する業者という意味で、これもまた株取引をしている誰もが当てはまり自称できてしまう。よって、投資家とトレーダーがごちゃ混ぜになっているのが現状である。

ここで正しいトレーダー像を定義しよう。**値動きだけに着目して取引を行うのがトレーダー**である。値動きにパターン性を見出し、スポーツ選手のように俊敏に勝負し、会社の業績など目もくれず、買われ過ぎや売られ過ぎといった株価水準だけで投資判断を下している。このような機械的な売買を繰り返すトレーダー的手法は近年主流になりつつあり、同時にトレーダーに該当する投資家が増えている。

投資スタンスの違いにより様々な呼び名がある。あなたは何者なのか、左図でチェックしておこう。

あなたは何者なのか？

投資家とトレーダーは似て非なるもの

投資家とトレーダーを辞書で引くと、どちらも証券を売買する人または業者という同じ意味になるため、投資家の間でいささか混乱を招いている。しかし、投資に対する姿勢（スタンス）で明確に区別することができるのだ。

投資スタンスで呼び名が変わる

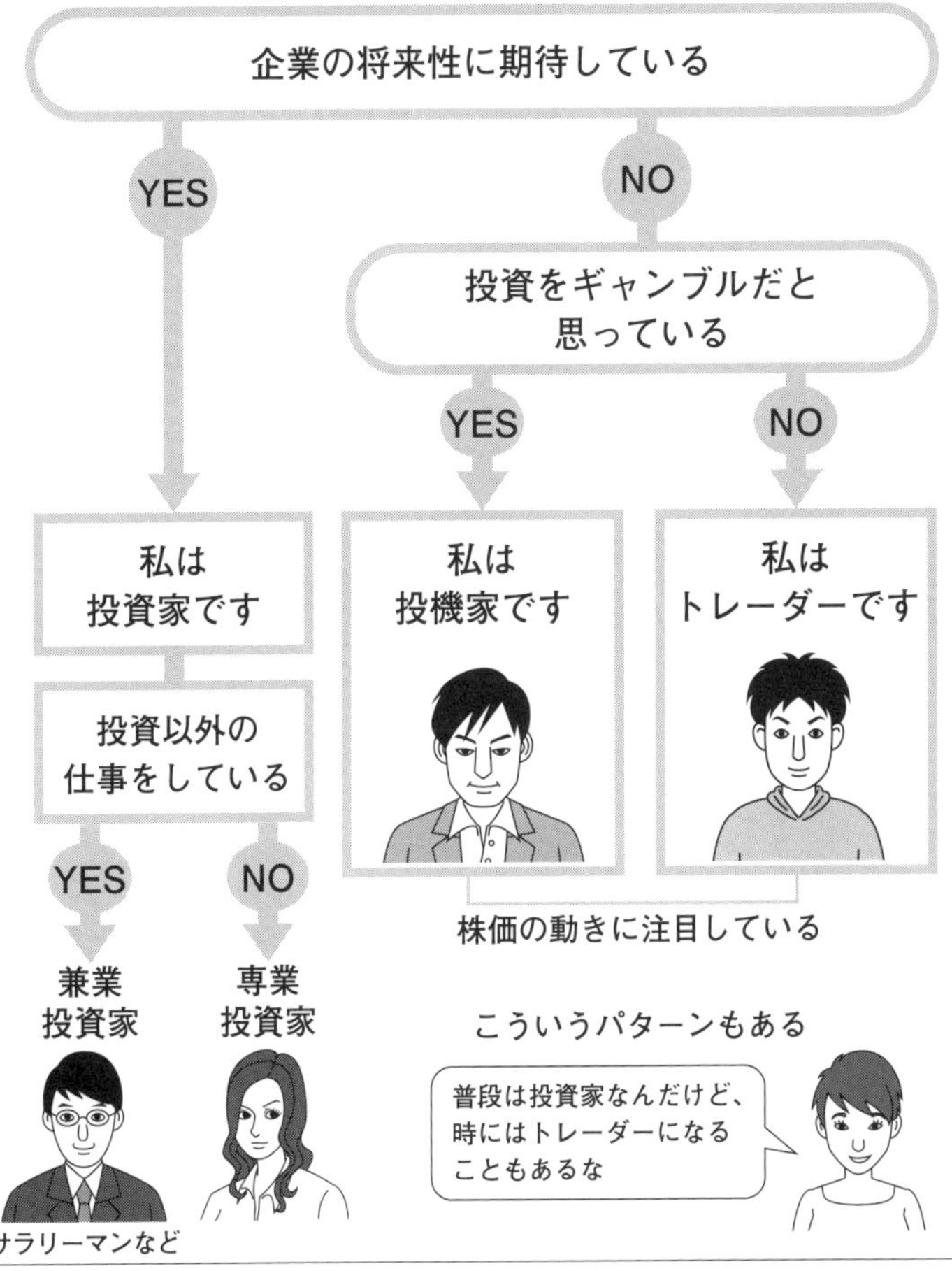

企業の将来性に期待している
YES
NO
投資をギャンブルだと思っている
YES
NO
私は投資家です
投資以外の仕事をしている
YES
NO
兼業投資家
専業投資家
サラリーマンなど
私は投機家です
私はトレーダーです
株価の動きに注目している
こういうパターンもある
普段は投資家なんだけど、時にはトレーダーになることもあるな

市場のカラクリ⑮

勝ち続けるトレーダーになる①

株式投資を学術的に考えた時、大きな割合を占めるのが**「相場心理学」**である。取引の原理や応用を理解しても、それを実行するのは人である限り、**本番になった途端、トレードは心理に縛られてしまう**のだ。勝ち続けるトレーダー、負け続けるトレーダーの心理について一例を挙げて説明したい。

「買った直後に株価が下がり出した。しかし、イライラしつつ我慢していたら、買った値段まで株価が戻ってきた。慌てて買った値段と同値で売却。今度は、自分を苦しめた相場に制裁を与えるために、空売りをぶつけた。空売りで下がった値段で買い戻せば利益が出るからだ」

このような心理状態では勝ち続けることはできない。**相場は常に中立**であり、自分が取引した前後の値動きに因果関係はないのだ。そしてこれは誰のせいでもない。相場は集団心理の表れで、個人の感情では動いていない。トレーダーは値動きの方向へ合わせることが大切なのだ。この例のような場合、株価が上昇し続けて最終的に損失を出す結末になったりする。

慌てたりイライラしたりするのは、負け続けるトレーダーだけである。トレードのリスクを受け入れていない証拠だ。苦痛は自分のリスク許容度を越えた分だけ感じる。**リスクを受け入れて、冷静さを維持することは、自分の売買ルールを守るために必要なのだ。**勝ち続けるトレーダーに苦痛などない。勝率の高い手法・ルールを機械的に繰り返し、思惑と違った値動きをすればすぐに手仕舞う。損を出しても冷静に、次のチャンスを待つのだ。心理をコントロールして、一貫したトレードができた者から勝ち続けられるようになるのである。

相場は常に中立である

リスクを受け入れて苦痛を除外する

社会で良き人間らしく振舞うために得た常識や考え方、学歴や地位、そこから生まれるプライドなどは相場で悪影響を与えるものとなる。世間ではなく、自己の心理を理解し、感情をコントロールしなければならない。

トレーダーの心理

勝ち続けるトレーダー　**負け続けるトレーダー**

ルールを決めて
売買してます
予想が外れたら
手仕舞うだけですね
相場は
常に中立
絶対今日は
上がる!
買えば
絶対儲かる!

勝率の高い売買だけを
続ければ積み上がる

相場に不要な「怒り」「裏切り」
「苦痛」を持ってしまう悪循環に…

リスク許容度を超えた分だけ苦痛を感じる

10%を初期投資にして
あと10%は安くなったら
買いたいです

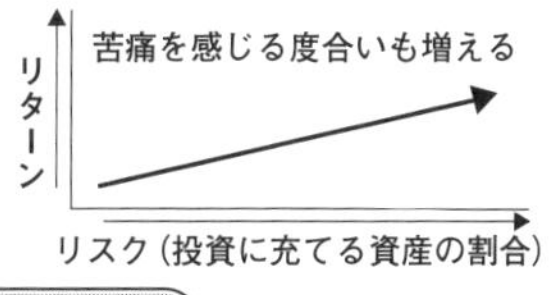
苦痛を感じる度合いも増える
リターン
リスク（投資に充てる資産の割合）

勝ち続けるトレーダーになるための条件

重要度（高→低）

自己の心理分析
相場と対話する
心理を得る

テクニカル分析
過去のパターンから
次の値動きを予想する

ファンダメンタル分析（企業分析・市場分析）
他のトレーダーを考慮していない弱点がある（長期投資向け）

勝ち続けるトレーダーになる②

市場のカラクリ⑯

トレーダーの手法を大きく分けると、**「順張り」**と**「逆張り」**に分けることができる。順張りとは、上昇・下落している方向についていくトレードで、逆張りとは、上昇し過ぎだと思うポイントで空売り、下落し過ぎだと思うポイントで買う手法である。

多くの投資に関する書籍では逆張りを推奨している。しかし、下がり出した株がリバウンドするポイントは一つしかない。その大底を狙い撃ちで買える人は、数人か、一人だけである。その他のトレーダーは、下がる過程で手を出して損失を抱えてしまう。これを続けると、いつか大きな損失となって続投できなくなる。

利益を出すには、安く買って高く売ることだが、プロであってもこのことを逆張りだと思っているトレーダーが多い。この心理で勝ち続けることは不可能だ。**トレーダーは、常に意識は順張りでなければならない**。順張りは、下がった株を見送るわけではない。リバウンドを確認してから買うことも順張りなのだ。「底を打ったな」と思ってから買えばよい。**「買われている株を買う」という意識を持つことが大切なのだ。**

経済的ショックの後は、売買は必ず低迷して長期の閑散相場となる。安い株を買いたい人がいないのだ。買いたい人がいないのなら、買わないことだ。後になって「この時期に買っていれば……」と後悔する必要はない。順張りなら最高の資金効率で、短期間のうちに利益が出せるポイントで買っているはずだ。そのテクニカル面は6章で解説するが、配当狙いに切り替えるなど、買う理由ができるまでは手を出すべきではない。どこまで落ちて何年で終わるか分からない不景気と、閑散相場の中で、苦痛＝株を持ち続ける必要はないのだ。

安い株は誰も買わない

「逆張り」より「順張り」を心がける

不景気で株価が低迷すると、出来高も減り株は安値で放置される。正しい判断である。好業績銘柄の配当狙いなどに切り替えない限り、あえて不景気や下降トレンドというリスクを受け入れる必要はないのだ。

順張り・逆張り

順張り 上昇・下降しているトレンドに乗っていくトレード法

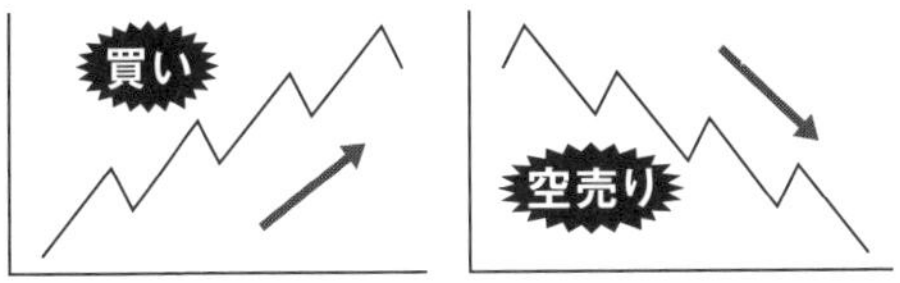
買い
空売り

•ポイント•
トレンドが変わらない限り利益が出やすい

逆張り 主に急騰・急落でトレンドと反対を狙うトレード法

空売り
買い

•ポイント•
トレンドと逆に仕掛けるので、利益が出たら決済が必要

常に意識は順張り（トレンドフォロー）が大切

上昇トレンド
買い
リバウンドを確認してから買った方が安全だね

逆張りが陥る罠

下降トレンド
買い
下落の途中で買ってしまうパターンに陥るんだ…

第５章
株取引は簡単だけど奥が深い
——取引のカラクリ

取引のカラクリ①

株価が動くメカニズム

これまで見てきた決算短信、テーマ、アノマリー、日経２２５先物と海外指数の連動などは、株の需要を生むきっかけである。この章では、もっと細かく、設計図を見るように、生まれた需要がどのように処理されているのかを解説したい。値動きの詳細は、デイトレーダー向けの話に聞こえるが、スイングトレーダーであっても、相場のプレーヤーであることに違いはないため、有利に動く手がかりになるはずだ。

株が動く状況は、「板」を見ていれば分かる。価格を真ん中にして、両サイドに、その価格で買いたい枚数と売りたい枚数が並んでいる。

もし買いの需要が多ければ**時間優先**、つまり、早い者順で買われていく。そして、買いたい枚数が大きい（金額が大きい）大口の買い手が1人でも現れれば、買い方の人数に関係なく株価は上昇する。このような価格決定メカニズムは、**「オークション方式」**と呼ばれている。

例えば、現在値１００円の株があるとする。少しでも安く買うために、99円に指値で並んでみた。この場合、時間優先順位は最後になる。99円に少しずつ売りが出てきて、最後に並んだ自分が買えるまで**順番待ち**となる。

この板状況を、証券界では**「１００円ヤリ」「99円カイ」**という。左図で確認してもらいたい。ここから、１円上昇すると、板状況は「１０１円ヤリ」「１００円カイ」となるのが分かる。株価が上昇する時は、１０１円ヤリを買って、１０２円ヤリを買って、さらに上を――という具合に、個人や機関投資家が、我先にと買い上がっていくのである。このように、株取引は需給を目で見ることができ、透明性が高いことが分かる。

「板」は銘柄のオークション会場

買い方と売り方は「板」でぶつかり合う

株を買うにはチャート・板・発注画面を開く。チャートは過去の値動きをグラフ化したもの。板は現在いくらで何枚買えるのかが分かる。価格を中心にして右に買いたい枚数、左に売りたい枚数が並んでいる。

売買の様子は板で見ることができる

3株持ってる株いくらで売ろうかな
101円に3枚指値発注

現在値：99円

売気配	価格	買気配
20	102	
10	101	
15	100	
	99	11
	98	12
	97	10

100円に20枚指値発注

板状況の変化

99円買い気配が100円買い気配へ変わった

101円に指値注文を出して10枚の後に並んだ

現在値：100円

売気配	価格	買気配
20	102	
13	101	
	100	5
	99	11
	98	12
	97	8

株価にはジャンル分けがある

時価総額とは、**株価×発行株式数**のことである。トヨタの株価が6000円とすると、発行株式数が34億株なら、時価総額は6000×34億＝20・4兆円となる。株式市場では、この時価総額を大きい順に並べて**「大型」「中型」「小型」株**とジャンル分けしている。

大型株とは、時価総額が大きい上位100銘柄のことである。日本を代表する規模の大きい会社が多く、必然的に日経225銘柄とかぶる。そして、発行株式数が多いので、機関投資家など大口投資家の金額が入れられる。**1億の買いを入れたところで、ピクリとも動かない**。3億、4億の買いを入れてようやく動くような感じだ。そのために、値動きが鈍く、デイトレード向けの銘柄は少ない。

中型株は、大型株についで上位400銘柄のことである。優良企業で将来性を期待される銘柄も多い。中型株の値動きは比較的軽く、**大型株についていくような動きをする**。

小型株は、大型株と中型株以外を指すので、上場企業の大部分を占める。しかし、小型株として投資家の注目を集めるのは、時価総額1000億円以下の銘柄だ。該当する銘柄はスクリーニングで探せる。これらの株は時価総額が小さく、発行株式数も少ないので、その**少ない株の奪い合い**になってくる。株価変動の材料が一つ出て、大口投資家などが現れると、株価に与えるインパクトが大きく、とんでもなく大きな値動きをする時もあるので注意が必要だ。よって、人気化すると市場全体と連動せずに、**独自の値動きを描く**。その独自性から、閑散相場や大型株が弱く期待が持てない相場では、小型株の値幅取りに資金が集まる展開も多いのだ。

株のジャンル分けと値動きの特徴

大型・中型株は連動、小型株は独自の動き

時価総額は会社の規模を表し、その大きさで大型株・中型株・小型株とジャンル分けされている。発行済株式数が多い大型株には機関投資家などの大口取引が可能で、中小型株は値動きの軽さに特徴がある。

株のジャンル分け

大型株は発行株式数が多いため、値動きが重い。

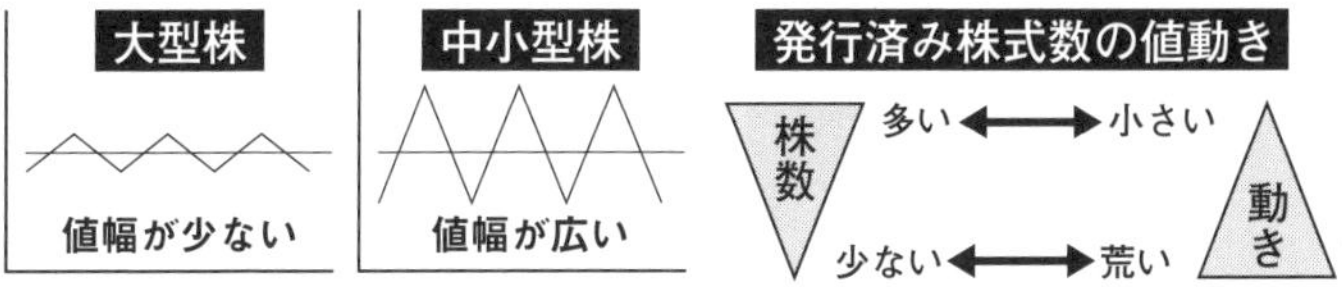
大型株
値幅が少ない
中小型株
値幅が広い
発行済み株式数の値動き
株数
多い ⟷ 小さい
少ない ⟷ 荒い
動き

大型株の板状況

売気配	価格	買気配
23,036,100	213	
16,376,700	212	
16,405,700	211	
	210	90,999,200
	209	6,394,800
	208	5,196,500

株はたくさん発行してあるから、いくらでも買っていただきたい
大企業の社長

何だ！ すごい枚数が板に並んでる。これじゃ動かないな
投資家

買った株のジャンルを知っておく

※銘柄／時価総額（株価 × 発行株式数）

大型株

トヨタ自動車　約20兆円
ソフトバンク　約10兆円
みずほ銀行　約5兆円など

日経225先物や同じ業種間で連動した動き

中型株

ローソン　約7,000億円
ABCマート　約3,000億円
ハウス食品　約1,700億円など

小型株

パソナグループ　約20兆円
スタジオアリス　約10兆円
不二家　約5兆円など

独自性が強い動き

取引のカラクリ③

逆指値で損失限定トレードをする

「指値」は、買う価格を決めて出す注文で、「成行」とは、現在値以上の価格で買う注文であった。例えば、売りが100円に3枚、105円に7枚並んでいた場合、10枚の成行買いの注文を出すと、100円で3枚、105円で7枚の約定となる。

そして「逆指値」とは、**条件付き予約注文**のことである。株価が何円になったら買い、何円まで下落したら決済という条件付きで予約注文が出せるのだ。

例えば、現在値が100円の株を保有しているとする。もし自分のリスク許容度は10円という売買ルールを決めている場合、90円まで株価が下落したらロスカット（損を確定させる決済）しなければならない。しかし、仕事があるので相場を見ていられない人もいる。ならば、株価が90円に下落したら、自動的にロスカットする逆指値注文を出しておけばよいのだ。そうすれば、**リスクをコントロールした損失限定のトレードができる。**

もう一つ、証券会社によっては、逆指値を発展させた**「OCO」注文**が発注画面で選択できる。**指値注文と逆指値注文を同時に発注する方法**だ。100円の株を保有し、90円に逆指値で自動ロスカットを設定、さらに110円まで上昇したら利益確定の指値注文、という発注が同時に出せるのだ。一定の値幅を、行ったり来たりしている銘柄を発見した時など、損失を限定させて、利益もしっかり確定したい場合に有効だ。

ふだん仕事をしている人にとって逆指値、OCO注文の自動売買は強い味方なので、一般的な指値・成行注文に加えて覚えておくことを薦める。

買った株に
逆指値注文を入れておく

利益限定・損失限定で勝率だけに集中せよ

逆指値注文は、指定した価格で自動的に買う・売ることを指示できる。使い方で多いのが損切り用途である。利食いが早く、損切りが遅いという人間の精神的弱点を補うことができる。

通常の注文（指値）と逆指値注文

通常の注文

売気配	価格	買気配
20	102	
10	101	
15	100	
	99	11
	98	12
	97	10

（売買単位：1）

99円で決済か100円以上に並んで決済

100円で買うか99円以下に並んで買う

逆指値注文

売気配	価格	買気配
20	102	
10	101	
15	100	
	99	11
	98	12
	97	10

（売買単位：1）

98円以下の指定した価格になったら決済する

101円以上の指定した価格になったら買う

指値注文＋逆指値注文＝OCO注文は便利

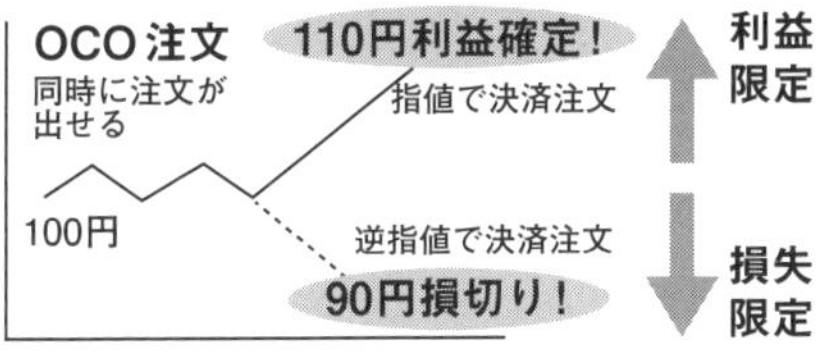

●ポイント●
逆指値注文は、日中取引が見られないトレーダーだけではなく、早い損切りを心がけているトレーダーにも多用されている

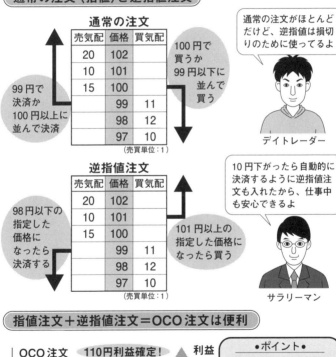

取引のカラクリ④

ザラバの時間帯特性をつかめ

1日の値動きには癖がある。朝9時、寄り付いて今日初めての値が付く。その後は一瞬静かになり、上か下か、トレーダー全員が待機だ。もし次の瞬間、為替が円安に振れて、先物が買われると、トレーダーの心理・感情が一斉に買いに向かうことになる。寄付き直後は、株価が一方向へ動きやすい。この**方向性（トレンド）**は、30分ほど続き、株価がオーバーランすることも多々ある。デイトレーダーが特に注目する時間帯である。

朝10時頃は、買われ過ぎた株が調整を行い、上昇の反応が良い株、悪い株などが冷静に見渡せる時間帯だ。そして、10時30分に上海市場が開くので、様子見で取引量が減る。

このように、1日の中には**注目すべき時間帯がある**。一つは朝9時～10時、もう一つは、昼14時～15時（引け）である。

84ページで、株価の損益の基準は終値であると書いた。そして、終値は指標や保証金維持率などの計算にも使われることから、引けにかけての取引で思惑が交差するのだ。さらに、スイングトレーダーは、できるだけその日の値動きの影響の少ない、引けにかけて買ってくる。ファンド等の買いも同じだ。

よくある1日の値動きも人の心理で説明できることが面白い。**ザラバの特性をつかみ、時を味方にすることは有利だ**と言える。

ザラバとは、寄付きから引けまでの立会時間のことだ。証券会社によっては、時間を指定して発注できる場合もある。そして、寄りと引けに自動的に発注してくれる注文方法もあるので、左下の図で紹介したい。

勝率が高い時間帯がある

「寄り直後」「引け間際」に注目せよ

デイトレーダーが相場に求めるものは勢いや変動値幅だ。スイングトレーダーはその日限りであっても方向性（トレンド）を確認してから買いたい。前者に適する時間帯は寄り直後、後者は引け間際だ。

1日の値動きには癖がある

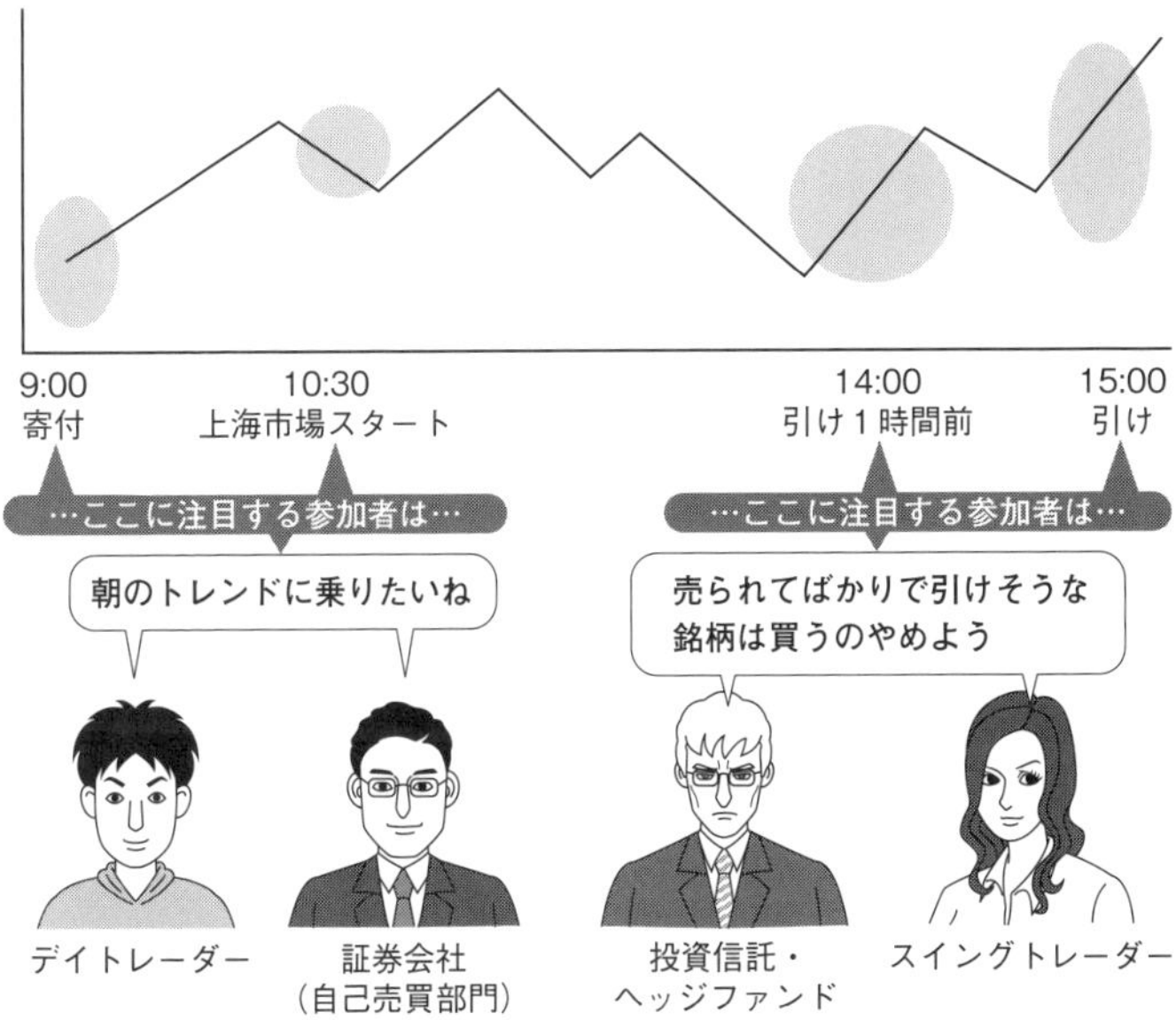

条件をつけて時間指定で買える注文

寄成（よりなり）

➡ 発注指示をしておけば、自動的に9時の寄値で買う（売る）ことができる

引成（ひけなり）

➡ 発注指示をしておけば、自動的に15時の引値で買う（売る）ことができる

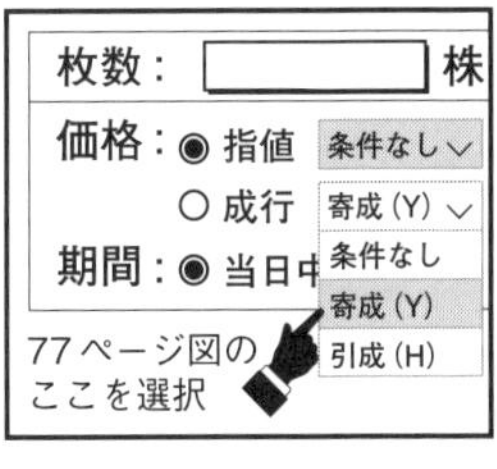

取引のカラクリ⑤

フル板情報を利用する

東証の次世代システム「アローヘッド」の約定速度が高速になったことはすでに述べたが、もう一つ重要な変更点がある。ネット証券で**「フル板」**と呼ばれるサービス名で提供されている**「フレックス・フル」**に対応したことである。フレックス・フルは、通常の板情報を強化したもので、注文件数などが見られるようになっている。

個人投資家は、機関投資家に劣等感を持っている。「法人は特別な情報を得て取引しているのでは?」という疑惑があるためだ。誰も語らないが、その差がフル板であった。つまり現在は、取引におけるニュースや板の情報で、**個人と法人の差はなくなっている**のである。

通常の板は、中心値から、右サイドの買数量と左サイドの売数量が上下8本ずつ並んでいる。一方でフル板は、**中心値から上下すべての板状況を表示できる**。「買累計」「売累計」で、制限値幅上限(ストップ高)までに何枚、下限(ストップ安)までに何枚注文が並んでいるかが分かる。そして、フル板には「件数」と「引数量」の情報も追加されている。500円など切りのいい数字には大量の売り枚数があり、件数も多い。件数が多いことから、複数の人が499円で取引するより500円で取引したいことが分かる。**件数で心理的な節目が見つけられる**のだ。引数量は、終値を決める重要な要素である。前項の「引成」注文の状況を見ることができるのだ。フル板の右上に「買引数」、左上に「売引数」があり、数量の多い方へ値がついて終値となる。

板情報を投資に生かすには、板つきを見極める必要がある。次項で板情報を活用したトレードを紹介したい。

プロはフル板を使っている

フル板の登場で法人・個人の差は消えた

フル板で注目すべき点は、通常の板に「件数」と「引数」が追加されていることだ。注文の件数によって心理的節目が分かり、引数によって寄りと引けの注文枚数が分かる。

プロと同じ条件で取引できる

通常の板

売気配	価格	買気配
20	102	
10	101	
15	100	
	99	11
	98	12
	97	10
	96	
	95	

件数と売買数を見ていると、いくらでどれだけ売りたいかが見えてくるね

件数・売引数
などが増える

フル板

買累計	売引数①	件数②	売気配	価格③	買気配	件数	買引数	売累計
	7			～			15	
		2	8	502				
		4	12	501				
		74	152	500				
				499	10	5		
				498	8	3		
				497	6	2		
				～				

買いの引数が売りの引数より8枚多いので、15時に8枚の引成買いが入ることがわかる

500円の節（キリのいい価格など）には、売りたい人も買いたい人も多い

①引数…寄成・引成の枚数　②件数…注文の件数　③価格…上下制限値幅（その日に決められた値幅。ストップ高・ストップ安）までスクロールして板情報を見ることができる

フル板が使用できる証券会社 → SBI証券・マネックス証券・楽天証券・カブドットコム証券

取引のカラクリ⑥

板読みトレードを極める

デイトレーダーの手法に**「板読み」**がある。刻々と変化する板つきを見ていると、買い枚数が急に増えたり、売り枚数がある価格だけ大きかったり、価格が変化する前後に不思議な現象を目にできる。そのような、板の癖や法則を見つけて取引することを**「板読みトレード」**と呼ぶ。前項で登場したフル板を用意しておくと、件数が見られるので需給が読みやすい。

板読みトレードで重要なポイントは、**買数量と売数量の厚さ**と、その**件数**である。この点から導かれた法則が**「株価は件数が多く、板の厚い方へ動く」「株価は節目をめがけて動く」**というものである。

左図を見てもらいたい。売り板が厚く、買い板が薄い。節目は500円である。私がこの状況で思うことは「500円を目指している」「500円が買われてさほど売りが出てこなければ、さらに次の節目をめがけて上昇する可能性が高い」ということだ。

しかし、実際にこの板つきを目にすると怖くて買えない。買い支えがなく、少し売りが出たらすぐに下落しそうなのだ。なぜ、上昇する可能性が高いのか？　答えはこうだ。上昇している銘柄は上値が買われている。1円でも安く買いたいと思うトレーダーがいない。節目の500円を152株買った大口投資家は、買い板が薄くて499円で損切ることもできない。ということは、初めから買ってすぐに決済する気もないのだ。

勝ち続けるトレーダーの条件として、順張り的な思考が必須だと説明したが、板読みトレードにおいても当てはまる。逆張り的な買い板が厚く、安い価格にみんなで指して並んでいる銘柄は上昇できないのである。

デイトレード極意

上昇している銘柄には２つの法則がある

人気の FX（外国為替証拠金取引）にも板は存在するが見られるところは少ない。株取引は非常に透明性が高いのだ。ここで紹介する２つの法則を知っていれば、上昇する銘柄は一目瞭然で分かる。

株価が上昇する銘柄の板状況

【現在値498円】

売引数	件数	売気配	価格	買気配	件数	売引数
	2	43	502			
	4	32	501			
	74	152	500			
		22	499			
			498	10	3	
			497	5	2	
			496	8	3	

売板が厚い

買板が薄い

500円の節目に大きな売り物

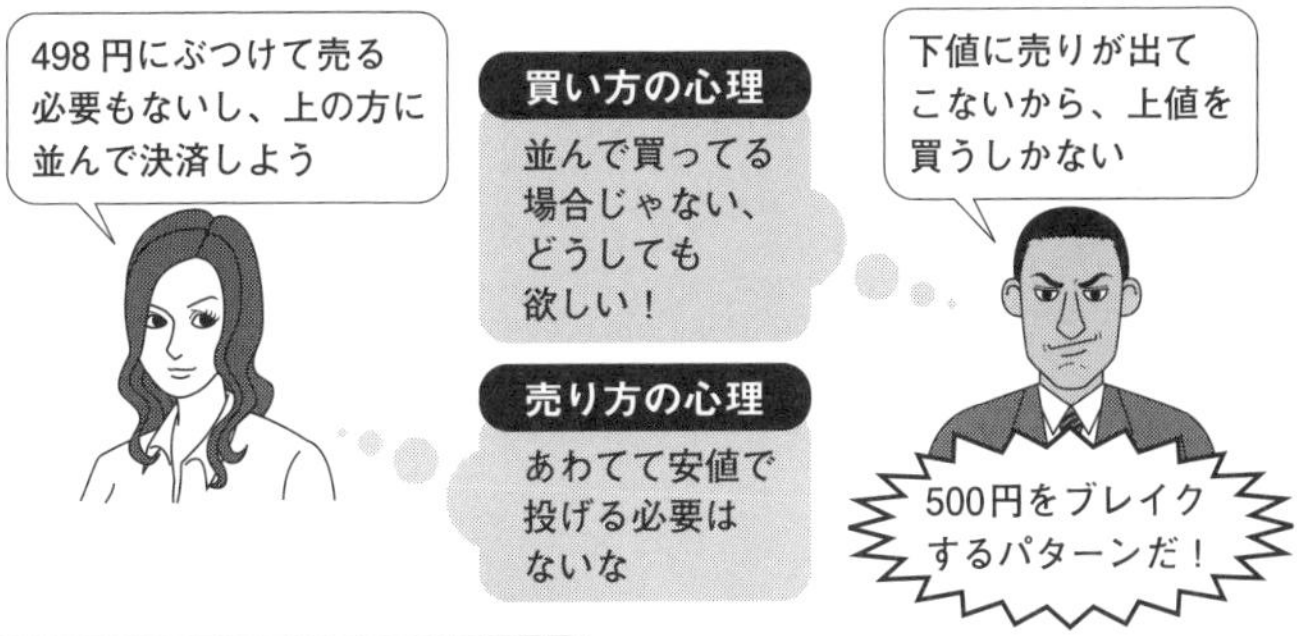

板から読み取るべきこと

①売り板と買い板、どちらが厚いか？

株価は板の厚い方へ動く

②大きな売り物が置いてある節目はないか？

株価は節目を目がけて動く

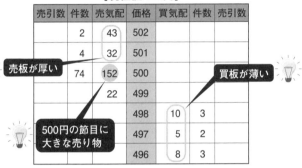

取引のカラクリ⑦

トレーダーの取引環境を構築する

ネット証券に口座を開設すると、多機能なアプリ型の取引ツールが使えるようになる。**素早い発注が可能**で、板やチャートなど基本的に**すべてがリアルタイム更新**である。株取引を1日1回以上するのであれば、しっかり取引環境を構築した方がよい。ここでは、多くのトレーダーが採用している取引環境の一例を紹介する。

・**［監視］右側モニタ**…個別銘柄チャート5分足・日足、騰落率ランキング
・**［作業］メインモニタ**…板、フル板、建玉一覧、注文一覧、ニュース
・**［監視］左側モニタ**…日経225先物チャート5分足・日足、ドル円チャート5分足・日足

このような配置と組み合わせで、左右モニタにチャート等の監視類、メインモニタに発注等の作業域を置くのが基本だ。この例は、1台のパソコンに、画面を増やせるディスプレイアダプタを繋げて、6つのモニタで構築しているが、メイン画面を27インチ以上にして一画面に詰め込んでもよい。銘柄チャートや銘柄の板は、各個人の監視する銘柄数で増減するからだ。

右側モニタの個別銘柄チャートは、業種別の値動きが似た銘柄や大型株・小型株などでまとめて表示させるとよいだろう。メインモニタの建玉一覧とは、保持している株のリストでその損益も確認できる。左側モニタに先物・ドル円チャートがあることから、デイトレードにも十分対応できる。

個人宅で構築する取引環境は、それぞれ違って当たり前なのだが、効率を突き詰めていくと、大体このような環境になってくる。

環境づくりから入る人もいる

家で株取引を1日1回以上するなら必須

他のトレーダーがどんな環境なのかを知ることに興味はあるはずだ。しかし、無駄を省き、仕上がる環境はみな同じようである。ともあれ、トレーダーらしい環境を構築すれば、気分が盛り上がるはずだ。

プロと同じ環境をアプリ型ツールで構築

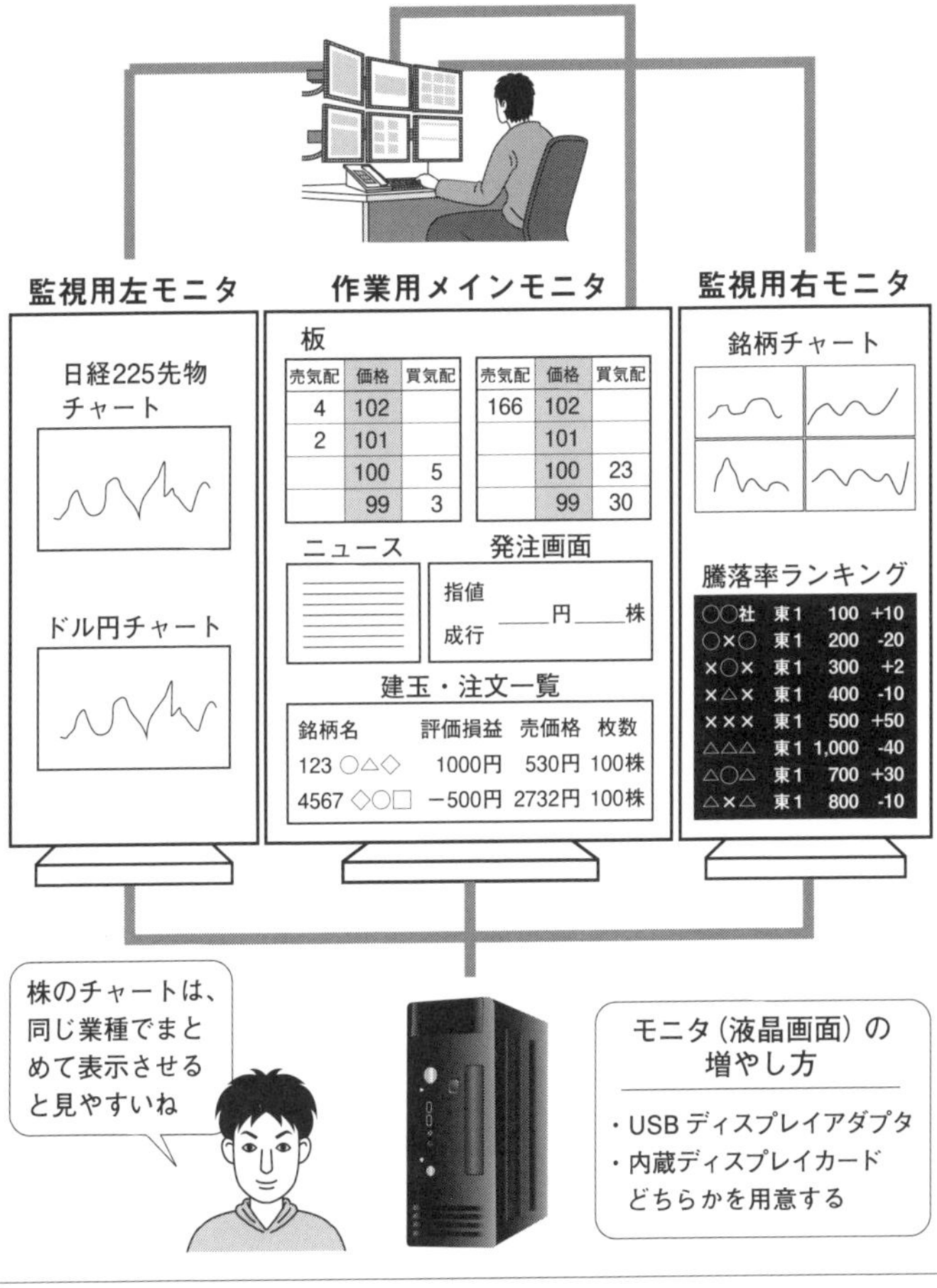

取引のカラクリ⑧

信用取引のメリットとデメリット

信用取引は、42ページで説明した通り、証券会社からお金や株式を借りて空売りを行うことだ。世間の株に対するギャンブル的イメージは、この信用取引から生まれている。しかし、投資スタイルによっては、信用取引が必須となる場合がある。それが、デイトレードだ。使い方を知れば、信用取引は必ずしも悪魔との契約にはならないのだ。

信用取引のメリットは、資金量が増えることに加えて、**回転売買（差金決済）**ができることである。回転売買とは、同一銘柄を何回も売り買いすることだ。例えば、信用建余力が１００万円あるとする。１００万円の株を信用取引で買ってすぐ売却、次は、下落しそうだから空売りをしてすぐに買い戻すなど、売買を何回も繰り返せるのだ。通常の現物取引では、回転売買はできない。１００万円の資金で１００万円の株を買って、売却したら、その日は同じ銘柄を買えない。１日１回しか買えないのだ。つまり、１００万円の株を１日に２回売買するには、２００万円の資金が必要だということだ。

一方デメリットは、保有期間と金利である。信用取引は2種類あり、①**「制度信用取引」**②**「一般信用取引」**と呼ばれる。①は保有期限が最長6ヶ月で低金利だが、売買のバランスが空売りに大きく偏《かたよ》ると逆日歩という手数料が発生する。②は保有期限なしでやや高金利だが逆日歩の負担はない。逆日歩はまれにしか発生せず、通常は6ヶ月以上保有するか否かの判断で①②の一方を選択する。さらに、どちらの信用取引も株を持ち続ける限り金利が発生する。よって、信用取引は長期投資に不向きで**短期売買向け**なのである。

信用取引のメリットだけを活用する

信用取引はデイトレード専用にせよ

信用取引には、購入資金に対して金利が発生するというデメリットがある。制度信用取引の場合は株の保有期限も半年に限られるため、どちらを取っても長期投資には向かない。しかし、デイトレードにはメリットも多い。

1日の回転売買の参考例

信用取引

信用建余力：　100万円
購入する株価：100万円（1株単位）

現物取引（通常の取引）

口座資金：　100万円
購入する株価：100万円（1株単位）

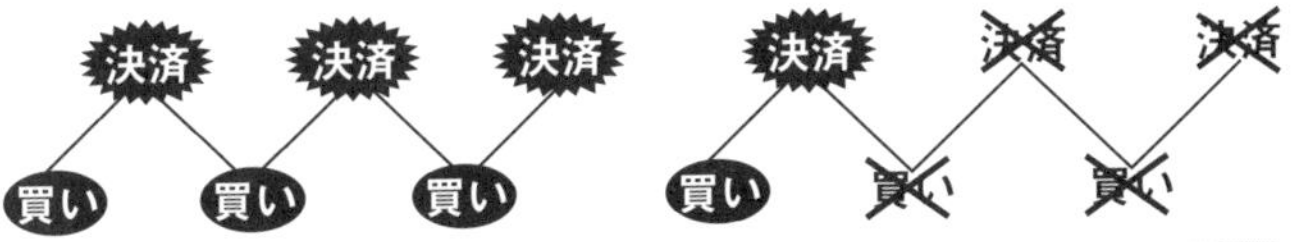

口座資金の範囲内で、同一銘柄を何度でも取引できる

一度決済すると、同一銘柄は翌日以降でなければ買えない

信用取引は2種類ある

制度信用取引

返済期限は6ヵ月以内で、金利が安い

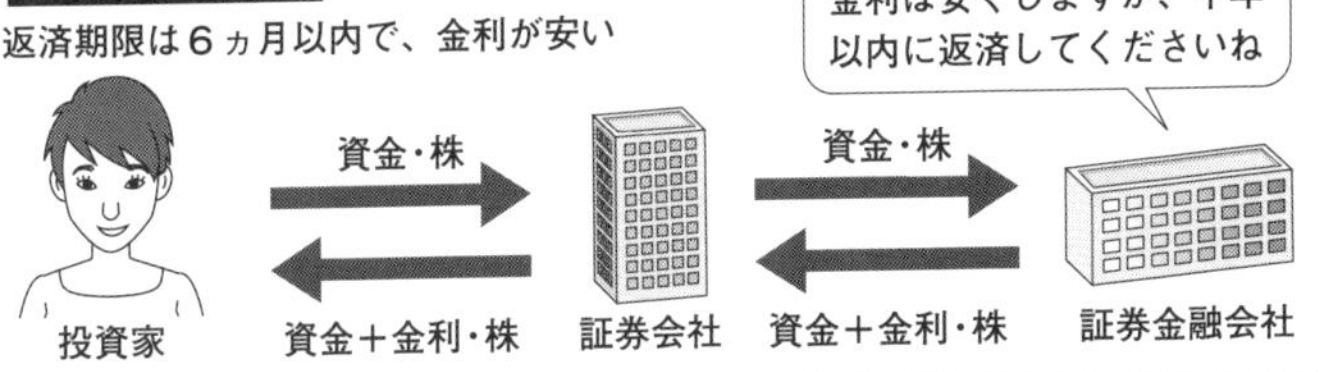
金利は安くしますが、半年以内に返済してくださいね

一般信用取引

返済期限はなく、金利がやや高い

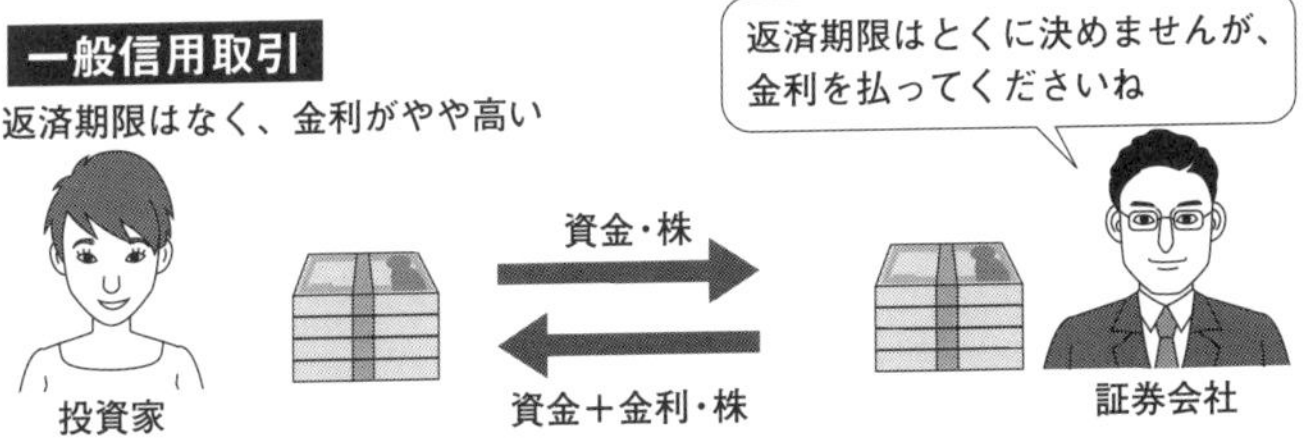

取引のカラクリ⑨

信用取引はハイリスク？

日本経済新聞社が発表している**「信用評価損益率」**という指標がある。これは、信用取引の買建玉がどのくらいの含み損益を抱えているかを示している。一般的な見方は、マイナス15％～20％を下回ると相場は底入れして上昇に転じ、マイナス3％～4％に近づくと相場全体が頂点に達したと予測する。

信用評価損益率から分かるように、**信用取引で買った株は常に含み損を抱えている**。なぜなら、信用取引を行う投資家の多くが、信用取引の建玉が利益になれば早めに決済してしまう反面、含み損が生じた建玉は損切りせずに我慢して持ち続けてしまうからだ。信用で資金が3倍になると、損益も3倍となって損切りが遅れる。株には値動きがあるために「株価が戻ってくれれば助かる」という、**お祈り投資法**になってしまうのだ。**トレーダーは祈った時点で負けである**。損切りの売買ルールを決めておくことが鉄則だ。

ここまでの話は、信用買い・信用売り（空売り）両方に当てはまるが、次は空売りのリスクを考えてみる。株価が上昇し過ぎて、さすがにもう下がるだろうと思って空売りをしかけるのだが、厄介なのが株価の高い銘柄が注目される点だ。株価は騰《あ》がるほどに買い方が入ってくる。さらに、ニュースが拍車をかけて出来高が増える。そして、積み上がった空売りが買い戻してまた上昇する「踏み上げ」が発生することもある。空売りで利益を上げるには経験が必要である。

信用取引は短期売買に徹するのが望ましい。スイングトレードではハイリスク、デイトレードでは損切りの売買ルールを徹底してこそ、3倍の資金量と回転売買が生かせるのだ。

信用取引に祈りは不要である

信用取引のリスクは高いと知っておく

信用取引の特徴をまとめると、資金３倍・回転売買・空売りである。共通して大切なことは「損切り」であり、逆指値でリスク軽減を図ることは鉄則だ。それを徹底するためにも、失敗例をたくさん知っておくべきだ。

よくある信用買いの失敗例

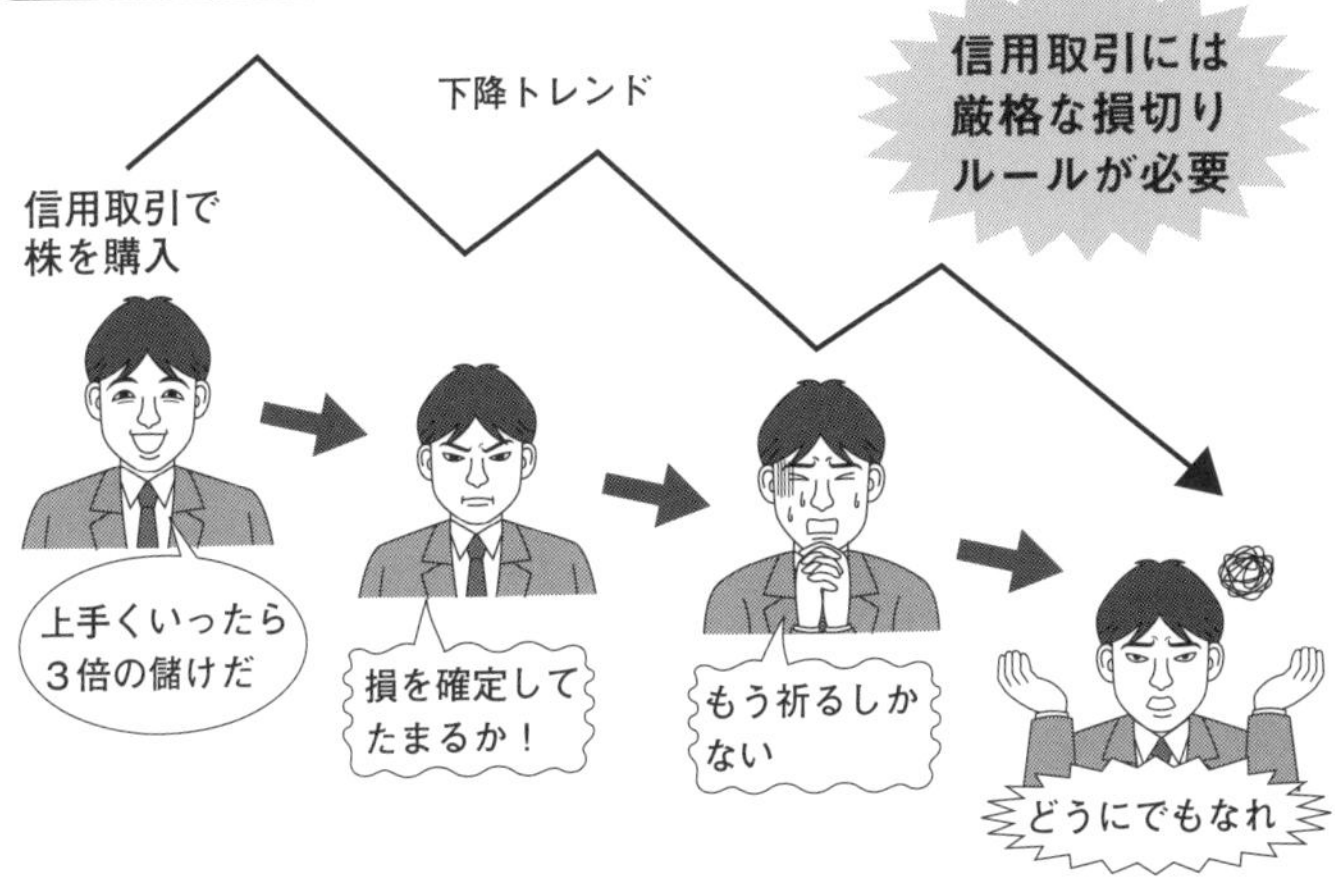

よくある空売りの失敗例

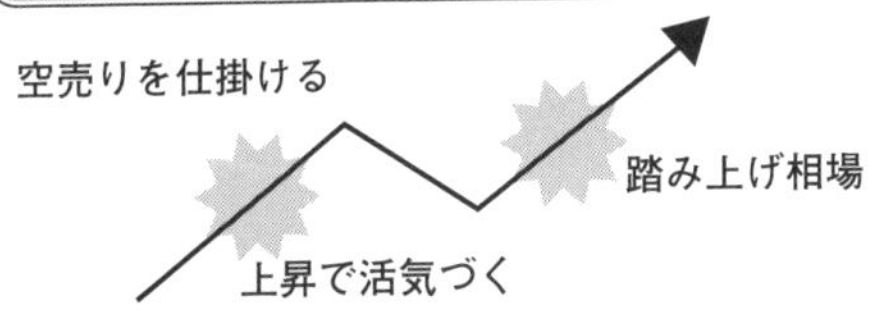

踏み上げとは

空売りの買い戻しが発生して、大きな上昇相場になること。

空売りとは？

借りた株を安く買い戻して返却すれば差額が利益になる

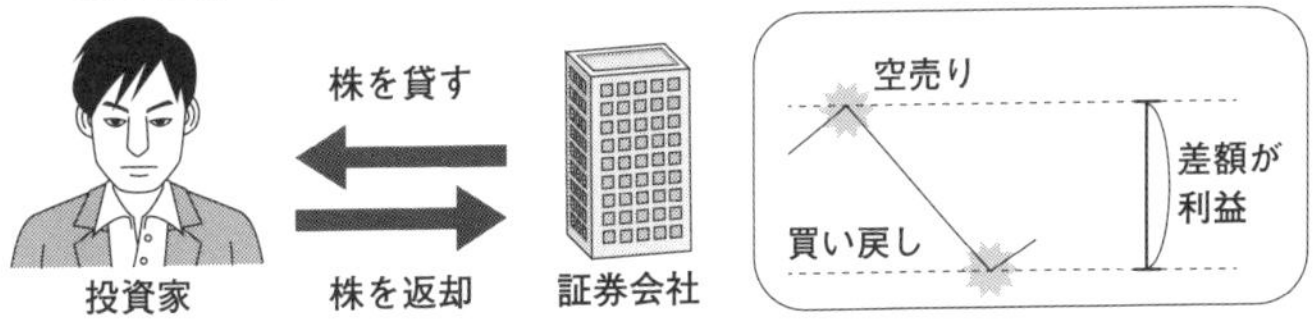

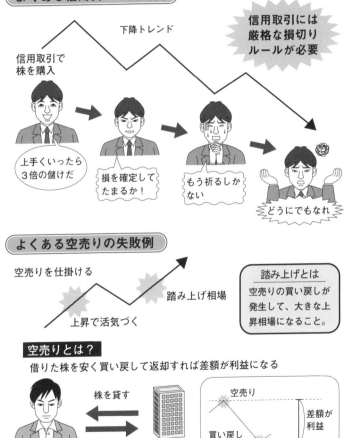

取引のカラクリ⑩

新興銘柄の値動きの特徴

私が株取引を始めた頃は、情報化社会・電子化というネット社会の幕開けで、ネット関連の新興銘柄が盛り上がりを見せていた。株式掲示板では、「Ｙａｈｏｏ！」や「ライブドア」（上場廃止）などの名が夢と希望とともに語られていた。ＩＴ革命の一時的なものかと思った時期もあったが、今でもスマートフォンやオンラインゲーム関連で若者人気は絶え間なく続いている。

人気の理由は、新興企業の多くが新しい事業を展開し、そのターゲットが若者であるからだ。そして、何よりも新興銘柄の値動きに魅了されている投資家が多いのだ。新興銘柄は、小型株に該当し、時価総額が小さく、数少ない発行株式の奪い合いとなって株価が乱高下する。これは値動きの特徴であるが、もう一つ覚えておきたいのが、**主力企業（大企業）との関連性**だ。

老舗企業に対して、新興企業は次の時代を担う者である。この大まかな役割が値動きにも現れる。**主力銘柄が買われる日は、新興銘柄が売られる傾向がある。**そして、**新興銘柄が買われる日は、主力銘柄が売られる日である。**例えば、トヨタや日立が買われて上昇している日は、ガンホー、アドウェイズは軟調な展開が予想される。しかし、アベノミクスなどの大相場では全銘柄が一斉に上昇する。ここで紹介した主力と新興の値動きの関連性は、日常的なものとして覚えておこう。

新興銘柄は主力銘柄と連動しないということは、先物やドル円にも連動しないということが分かる。**売買の需給（人気）や材料（ニュース）で価格が形成されている**のだ。

新興銘柄は人気がすべて

主力銘柄と反対の値動きに注目

新興銘柄とは、各取引所が用意した新興市場に上場している銘柄全般を指す。その中でもネット関連は絶え間なく人気がある。理由は、業種の将来性と、人気化した時の大きな値動きである。

若者は新興企業に夢を託し続けている

新興銘柄人気ランキング

1位：ALBERT（3906）
AIマーケティングソリューション関連

2位：メルカリ（4385）
メルカリ運営

3位：テリロジー（3356）
ネットワークセキュリティ関連

4位：UUUM（3990）
YouTuber 支援

5位：スタートトゥディ（3092）
ZOZOTOWN 運営

新興企業の値動きは小型株に該当する

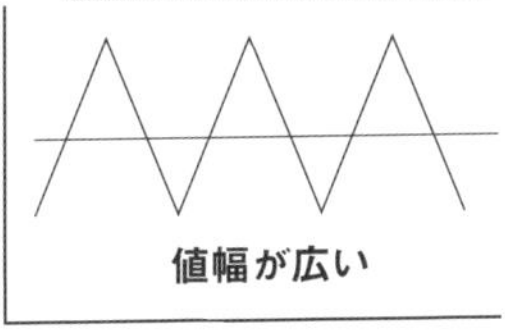
値幅が広い

主力銘柄と新興銘柄の相関関係

主力が買われる日は新興が売られる

新興が買われる日は主力が売られる

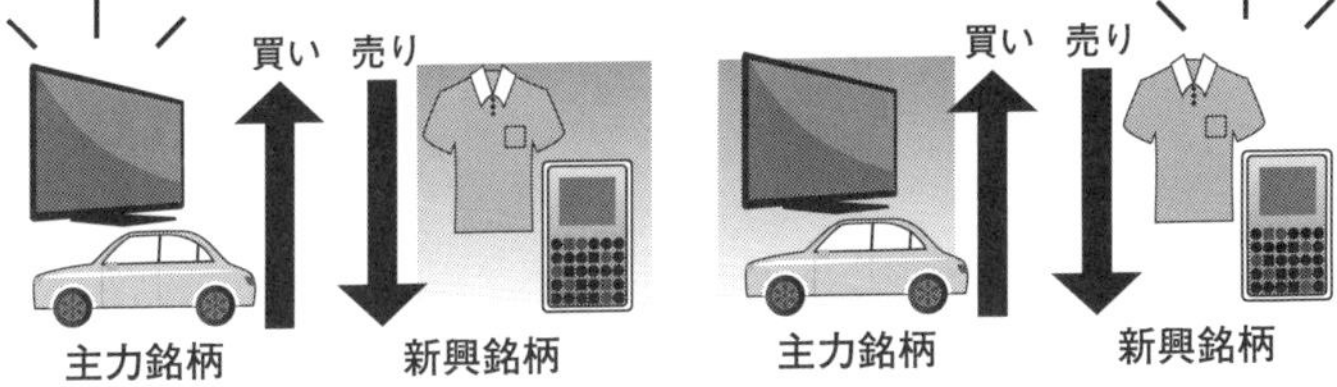
買い　売り
主力銘柄
新興銘柄
買い　売り
主力銘柄
新興銘柄

…1週間後…
やっぱり主力銘柄が安泰だよね
新型 iPhone が発売されるし、ネット関連が将来を担うね！

交互に売買されながらも正しい評価がされている

取引のカラクリ①

上場したばかりの株は下がりやすい

どの上場企業にだって初めて取引が開始された日がある。最近もメルカリやソフトバンクなどの馴染み深い企業のニュースで「新規公開」もしくは「新規上場」という言葉を耳にした人は多いだろう。新しい企業の多くに高成長が見込まれており、投資対象に加えるべく投資家の関心が集まるのだ。

しかし、上場後の株価の値動きは、迷子の子供のようにチャート上を右往左往してしまうことが多く、期待とは裏腹に株価が低迷するパターンも散見される。そうなる理由は、**上場後の株価が高過ぎて適正株価が分からない**ためである。ここでは表題の通り、上昇したばかりの株は下がりやすい、という認識だけ持ってもらえれば十分なのだが、その理由を「成長率の鈍化」の観点から解説しておきたい。

左図のパークシャ・テクノロジーは2017年9月22日に東証マザーズ市場に上場した。人工知能（AI）関連の大本命と冠され上場直後に株価は急伸し、大成功の値動きだったのだが、PER900倍といかんせん株価が高くなりすぎた。会社の利益を毎年分配しても投資家が投資金を回収するのに900年もかかる計算だ。

このような高水準で成長率の鈍化や人気のはく奪が加わると目も当てられない状況に陥る。パークシャ・テクノロジーの株価が下降をたどるのは、会社が発表する3ヵ月業績の推移で業績の伸びの鈍化が確認されてからだ。鈍化といっても些細なもので、期待通りの高成長なのだが……こうなってくるといくら会社側が頑張っても株価が上がらず、いったん売られないと需給が改善しないのだ。

このように、上場後の株価は期待が先行して割高になるケースが多いので注意が必要である。

IPO株を上場直後に買うのは危険

短気トレード向け、長期投資には時期尚早

高成長で時代のテーマに即したIPO株は、市場での取引開始直後からすでに株価が高い状態にある。株高を支えるのは高成長と人気のみ。どんどん成長していれば問題ないのだが、支えを一つでも失うと急落するので注意が必要だ。

市場で取引される前の新規公開株（IPO）を買う流れ

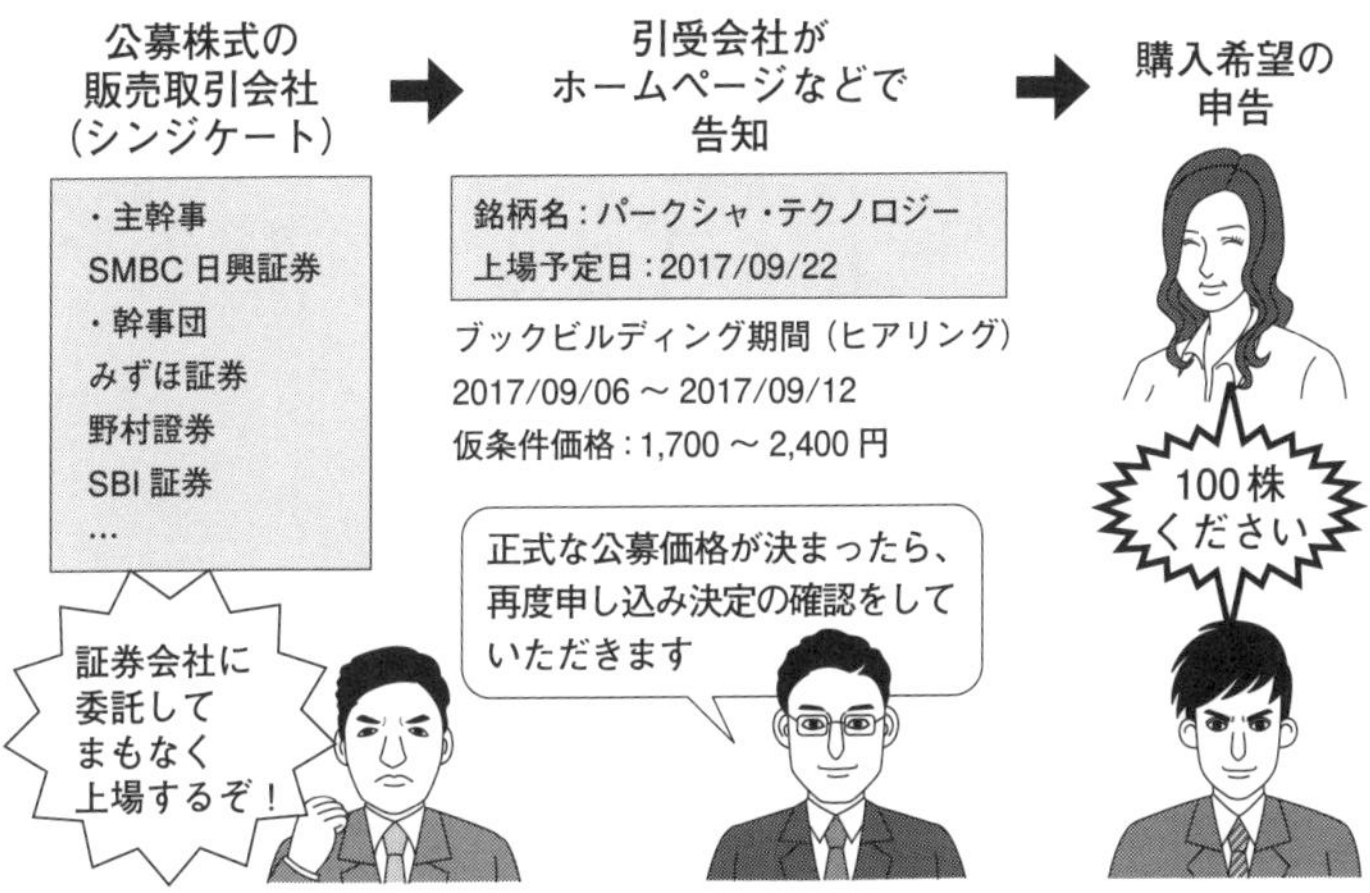

IPO株は成長鈍化・人気低下に注意せよ

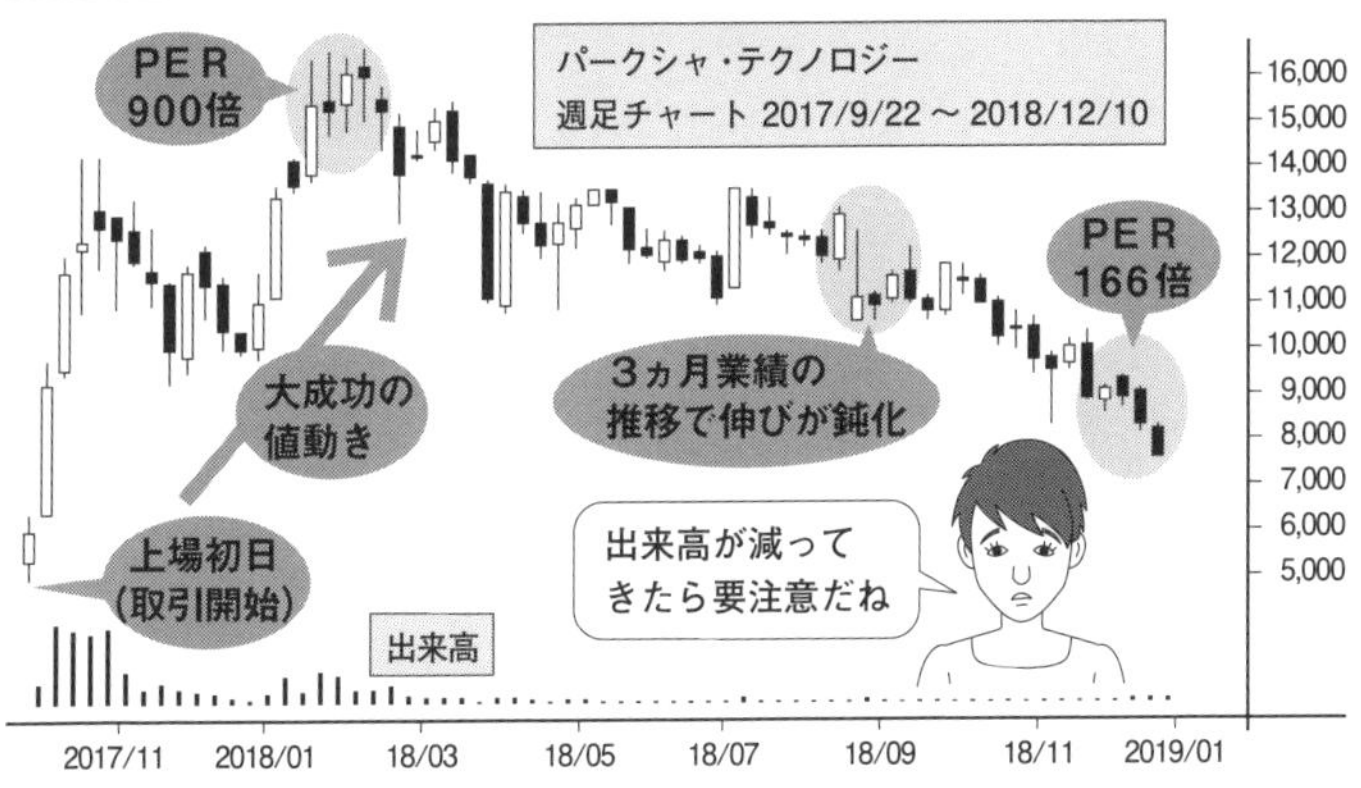

いきなり株が動いた！　なぜ？①

取引所が開いて商いがある限り株は動くが、中でもよくクローズアップされる値動きを取り上げたい。それが**「増資」**である。**わずか数日で株価が20％以上変動する時がある**のだ。事業拡大のためなどの良い増資なら株価が上昇する場合もあるが、ほとんどが窮地に立たされた末の増資で、株価は下落となる。下落時に利益を出すには「空売り」が必要になるが、増資でそれをしかけるのは、主にヘッジファンド、個人投資家である。

増資とは、企業が新しい株券を投資家や第三者の企業へ発行して、資金を再調達することであり、**株の希薄化**を招く。発行株式数が増えるほど、１株の価値が下がることはイメージできると思う。これは株価の下落要因の一つである。そして、増資をする会社は、株価をいくらで発行して売るかという発行価格を決める必要が出てくる。一般的に、増資の際は**現在取引されている株価より３％ほどディスカウントされて売り出される**ということは、投資家は増資発表と同時に空売りを行えば、株価が動かなくても最低３％の利ザヤは確保できる可能性が出てくる。つまり、株価を下げる希薄化・ディスカウント発行という２つの要因を狙ったトレードが横行するのだ。

次に、増資のスケジュールを見てみよう。ニュースでその会社の公募増資正式発表が配信されて、その一週間前後に、公募増資発行価格決定となる。よって、発表から価格決定までの１週間ほどは、前述した希薄化・ディスカウント発行の需給悪化懸念で下落が続く可能性が高い。

いきなり株が動いたら、理由を調べて、その後の値動きまで想定できれば、慌てることなく対応できるはずだ。

良い増資と悪い増資がある

株の希薄化を払拭できる内容かが重要

株式ニュースで保有する銘柄に「増資」の開示が出たら注意が必要だ。その多くが悪い増資であり、「希薄化」「ディスカウント発行」という２つの懸念事項が株価を押し下げてしまうのだ。

増資は株主に嫌われる

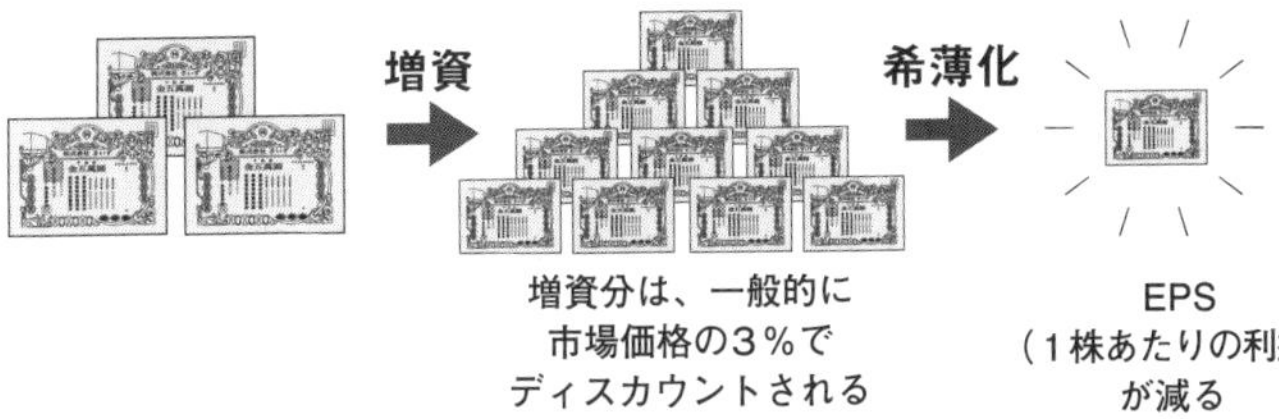
増資
希薄化
増資分は、一般的に
市場価格の３％で
ディスカウントされる
EPS
（１株あたりの利益）
が減る

増資によって投資家の資本は減る

良い増資と悪い増資

良い増資

店舗を全国展開するために
お金が必要です
会社が大きくなれば、
希薄化なんてすぐに
解消されるだろう
社長
投資家

株価の動き

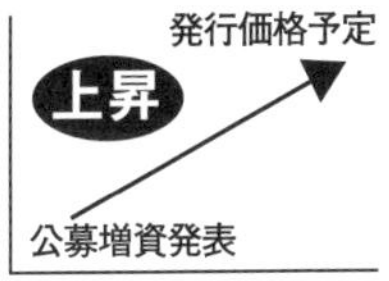
発行価格予定
上昇
公募増資発表

悪い増資

資金繰りが悪い。資本金も
減ったから増資しよう
借金のための増資か…
社長
投資家

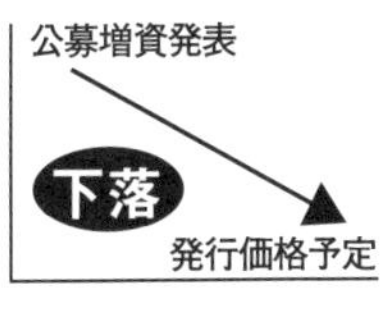
公募増資発表
下落
発行価格予定

取引のカラクリ⑫

いきなり株が動いた！　なぜ？②

株式投資において、企業の四半期決算とは、年4回発表される**「決算短信」**のことを意味する。第3章にも登場したが、決算短信は見やすい共通形式で決算の概要をレポートにまとめたものである。株価水準は業績で形成される割合が大きいので注目される。

決算短信は、一般的には取引が終了した15時以降に発表されるので、翌日の取引開始までじっくり吟味できるはずだ。しかし実際には、**かなりの企業がザラバ（取引時間）中に発表をしてくる**。静かな値動きをしていたところ、**発表（ニュース速報）と同時に、いきなり株価が一方向へ動き出す**のだ。

なぜ、多くの投資家は、決算短信の速報と同時に売買することが可能なのだろうか？　半分は賭けかもしれないが、もう半分はニュースの見出し「上方修正」「下方修正」という文言から、瞬間的に注文を出しているはずだ。会社は通期と第2四半期（中間期）の業績予想を事前に出しているが、決算短信と同時に、その予想を修正してくる場合がある。「来期の決算も調子が良さそうだから、通期予想（年間の業績予想）の上方修正も発表しておこう」という感じだ。しかし、その日の株の値動きが、決算が良かったから上昇、悪かったから下落するとは限らない。例えば、好決算を期待して数日前から株価が上昇してきた銘柄があるとする。この場合、上方修正（サプライズ）がないと、決算速報と同時に下落してしまう可能性が高い。**株価は未来の期待を織り込んでいる**ので、予想や期待という未来が現実＝現在となると、「出尽くし」で売られてしまうことが多いのだ。決算シーズンは、常にサプライズに飢えて、期待と落胆が顕著に値動きに現れる時期なので注意が必要だ。

決算発表後の値動き

「上方修正」「増配」は好感される

いきなり株が動いたら、決算シーズンであれば、取引時間中に発表された「決算」に違いない。投資家の期待が高く、株価が上昇してきた銘柄は、サプライズがないと下落する可能性があるので注意が必要だ。

取引時間中の決算発表に注意

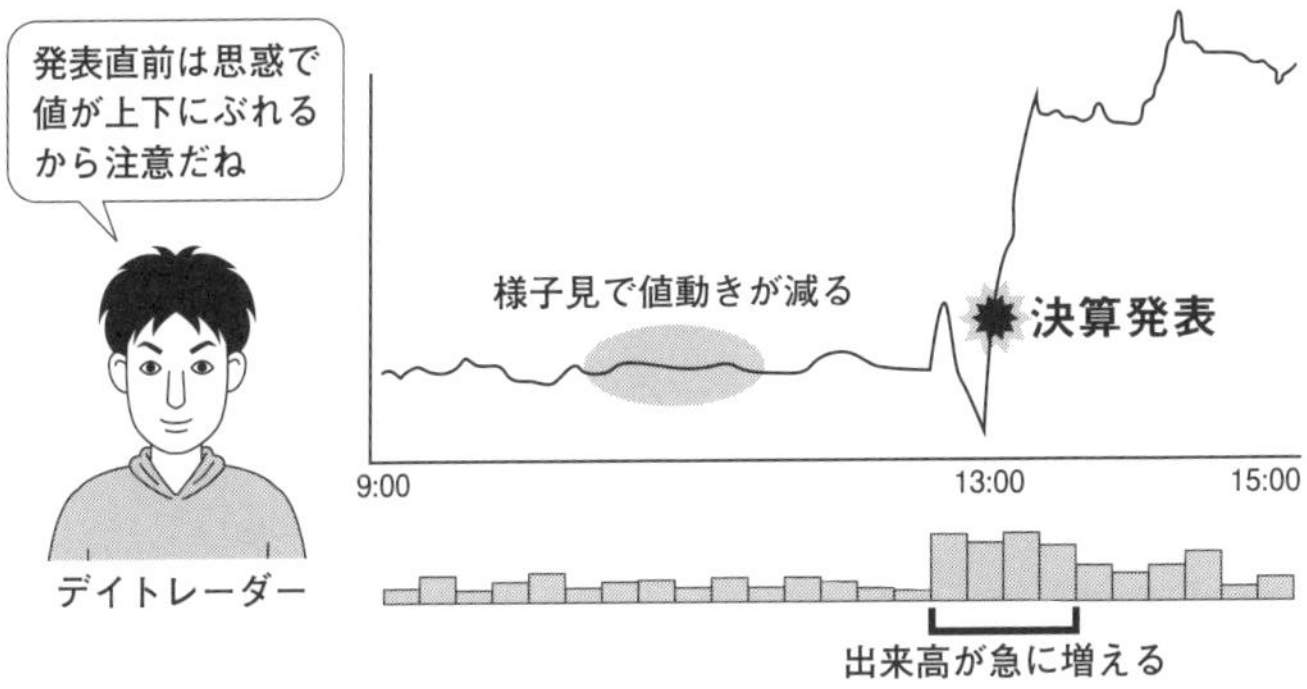

発表と同時に上昇・下落するパターン

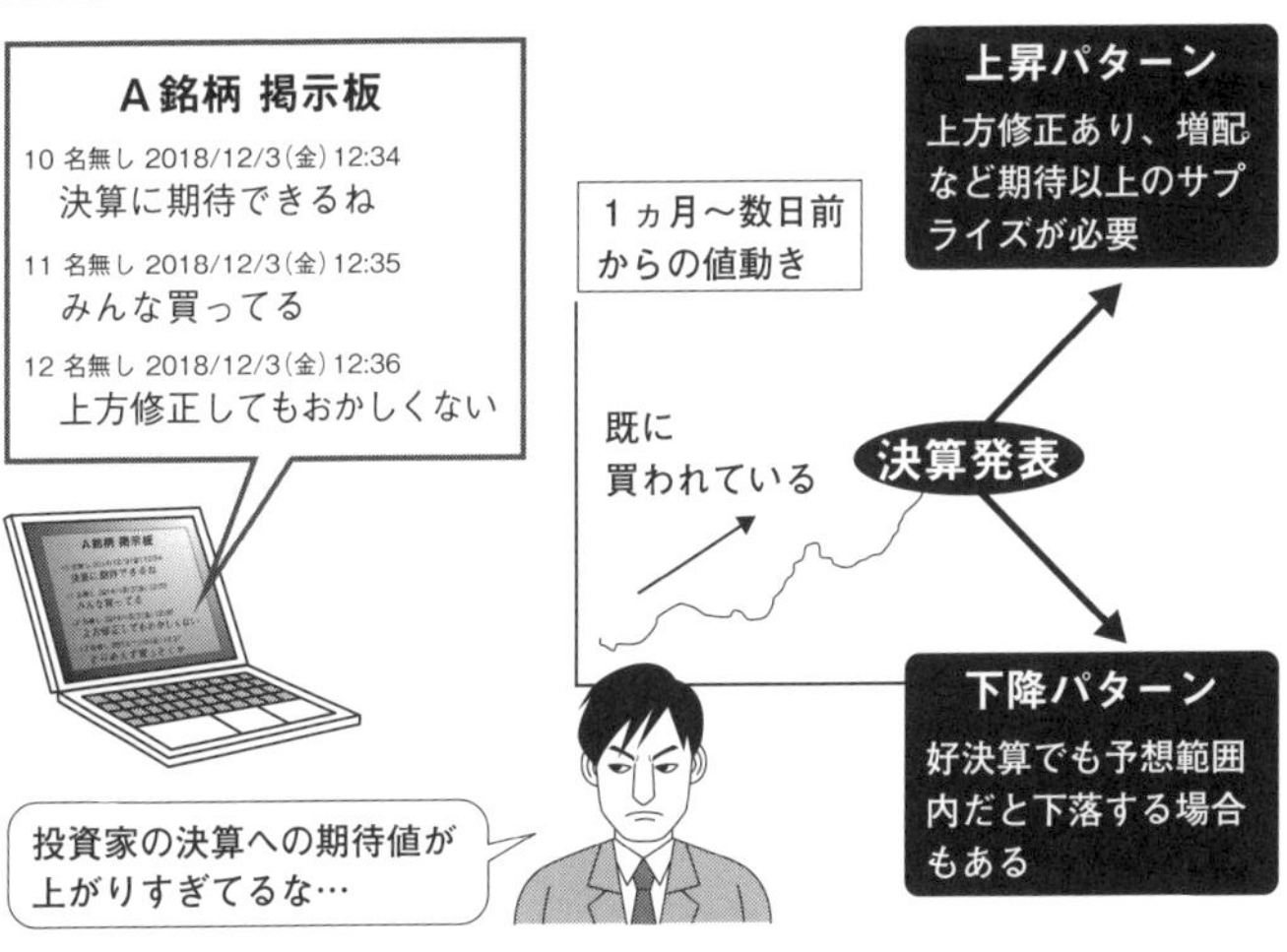

取引のカラクリ⑬

仕手集団と投機家

証券取引のアンダーグラウンドで催される**「仕手相場」**という宴がある。証券取引法をかいくぐって開催され――いや、抵触している部分もあるかもしれない。仕手相場は、1日1％前後の値動きに物足りなくなった、**投資家の欲望のはけ口**として存在し、そこで彼らは投機家に変わるのだ。

宴の主役は**「仕手株」**である。仕手集団が大量の売買でボロ株（株価100円以下の銘柄）を吊り上げて、個人投資家を呼び込んで人気化させた銘柄のことだ。相場操縦や友達同士の馴れ合い売買などは、証券法で禁止されている。しかし、最近では、仕手集団がネットでの呼びかけに応えた個人投資家群である可能性もあり違法性が判断しにくい。そして、株価が上昇する材料が仕手株にしっかり存在したりするのだ。

ボロ株が仕手化する理由は、その価格帯にある。例えば、50円の株が10％上昇したら55円である。すると、たったの5円の値動きで10％の利益を獲得できる。時価総額も低く数少ない株券の奪い合いになる。そして、**株価が上昇すると人が集まる**。何度も出てきたことだが、小型株の特性や、人の心理を利用しているのだ。

左図は、杉村倉庫のチャートだ。2017年の年末から翌年にかけて株価が急騰し、1ヵ月程度の時間で株価が3倍になっている。さかのぼって同年の1月から計算すると、安値294円から高値3680円まで実に10倍以上の上昇劇を演じているのだ。そして、同じ時間をかけて元の位置まで戻ろうとしている。

仕手株はデイトレーダーの主戦場になるので、損切りが何よりも大切だ。長期投資においては、過去の値動きを見て、「ボロ株が仕手化したか……」という判断をもって、取引は控えることだ。

夢見る投機家は宴をしかける

仕手株はデイトレーダーの主戦場となる

仕手株とは、元は安値で放置されていた小型株のことである。掲示板などで「○○株が盛り上がっている」という情報から買いが止まらなくなるのだ。個人投資家が投機へ向かい、大きな打ち上げ花火を上げる。

仕手株に変貌する銘柄

杉村倉庫（9307）の場合

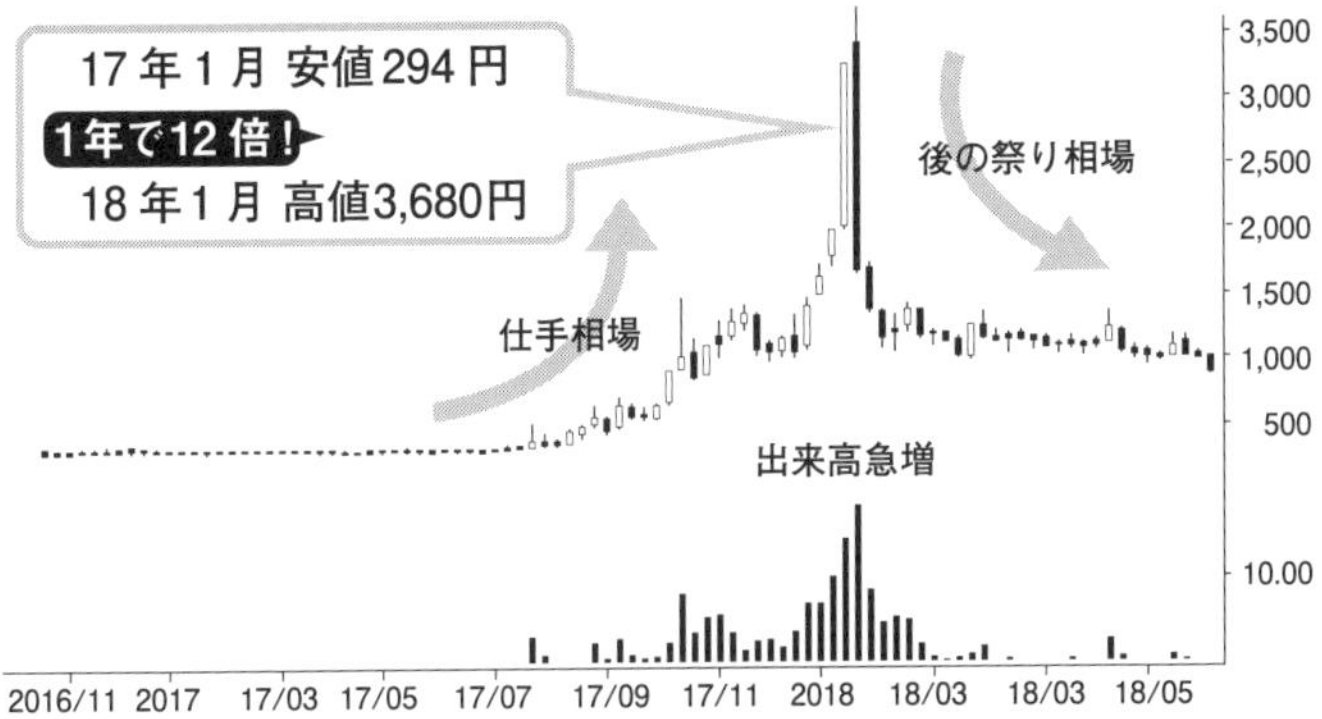

小型株	発生条件	信用取引が可能な銘柄
時価総額200億円以下 株高100～500円		空売りの買い戻し（踏み上げ相場）を狙っている

仕手集団＝個人投資家群

取引のカラクリ⑭

株にはフォーメーションがある

日本の上場銘柄には**「景気敏感株」**が多いという特徴がある。景気敏感株とは、自動車や電機などの外需企業のことで、欧米の景気や、それを受けた為替の動きなどに敏感に反応して上昇、下落をする銘柄のことだ。

そして、日本は成熟した先進国と言われるように、交通インフラや医療・食料品などの内需も安定している。株式市場では、内需企業のことを別名で**「ディフェンシブ銘柄」**と呼んでいる。その名の通り守備力が高く、欧米の景気動向に左右されにくい。その代わり、相場上昇局面でもさほど上昇しない。つまり、景気敏感株とは反対の特徴を備えていて、株価が安定しているのだ。

そこで、投資戦略に業種別の攻守を加えるために、サッカーのフォーメーションを組んでみた。

①フォワード（攻撃陣）——自動車、電気機器、半導体
②ミッドフィルダー（攻守陣）——銀行、保険、不動産、商社
③ディフェンダー（守備陣）——情報通信、鉄道、医薬品、電気・ガス、食料品

あえて番号を振ったのは、①②③の順で買われ、売られる順番も①②③であるからだ。要するに、値動きの荒い順である。戦略パターンを考察すると、「不景気なので守備を固める」という時は、配当狙いの長期運用で①②を売って③を買う。「この先、景気が良くなる」という時は、③を売って①を買うか、②③を保持で、様子をみて追加で①も買うなどと、いくらでも戦略を練ることができるはずだ。

内需・外需銘柄の特徴を把握し、自分の持つ銘柄はどこのポジション（業種）なのかを知っておこう。

投資戦略に陣形を加える

攻撃の外需銘柄、守備の内需銘柄

夜間で米国の株高、ドル円の円安となった場合、翌日朝から上昇するのは攻撃陣（外需銘柄）だ。その逆ならばいち早く下落する。ディフェンシブ銘柄（内需銘柄）の比率をもって守備力を考慮してみよう。

業種別でフォーメーションを組む

①フォワード（攻撃陣）

外需銘柄

景気に敏感に反応し、いち早く上昇する。反面、守備力が低く下落も早い

②ミッドフィルダー（攻守陣）

内需比率が高い銘柄

たまに攻撃に参加するが、為替や外国株の影響をあまり受けない堅さがある。

③ディフェンダー（守備陣）

内需銘柄

外部環境に左右されず、個別で株価が決まる。高い守備力で簡単には下がらない。

戦略パターン

下落リスクを押さえる

- 株価水準が高すぎる
- 不景気対策
- 長期配当狙い

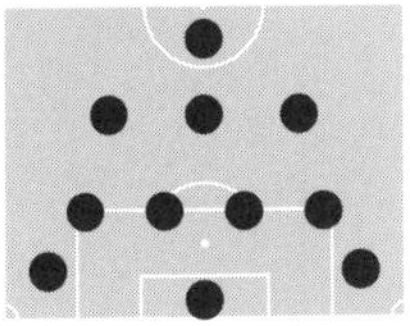

攻撃陣へシフト

- 金融緩和期待
- 積極的な投資
- 売られすぎ反発期待

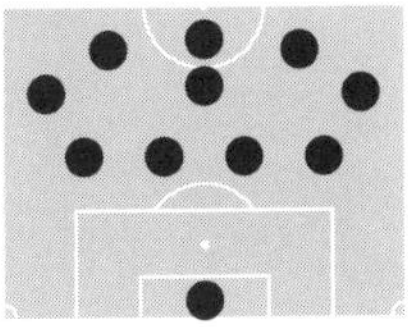

取引のカラクリ⑮

株価レーティングはどう使う？

大手証券会社では、個別銘柄に対して**「レーティング」**と呼ばれる評価を行っている。事業の成長性、市況動向などを総合的に判断し、その企業の目標株価とパフォーマンスを記号などで表している。証券会社がカバーしている上場企業は多いので、次のようなニュースをよく目にする。

「マッコーリー・キャピタル証券がクボタの投資判断をニュートラルからアウトパフォームに引き上げた。『来年からの北米での販売価格の引き上げにより、2018年12月期の原材料価格の上昇をほぼオフセットする』見込みと指摘した。目標株価を1700円から2200円に見直した」（日経QUICK・2018年10月22日）

レーティングは、証券各社で表記が異なるが**「買い」「中立」「売り」**の基本3段階で見ると分かりやすい。投資判断が「買い」継続であっても、目標株価が下がっているパターンもある。この場合も同じだ。

使い方は、レーティングが格下げされたら、買い銘柄候補から除外するぐらいの気持ちでよい。

私の控え目な書き方から、「何かレーティングって怪しいのかな」と思う人もいるだろう。まず株価レーティングは、あくまで6ヵ月程度の短期間の相対的な株価変動の予想である。レポートの内容は正しく、長期投資で保持している銘柄が格上げされたら素直に安心できる。しかし、デイトレードで飛びついて買うのは避けたい。出尽くしで一時的に下がる可能性もあるからだ。さらに、機関投資家は、ニュースの配信元であるロイターなどへ高額な受信料を払って早い時間に情報を入手している。朝、レーティング速報が寄り前に配信されるのと、寄って数十分経過してから配信されるのとでは大違いで、デイトレーダーには不利な展開になるからだ。

レーティングで買われるのは最初だけ

レーティングは6ヵ月程度の短期予想

株価レーティングは、毎日株式ニュースで目にすることができる。機関投資家が保有する銘柄のレーティングが高い例が多く、元々業績が安泰な銘柄を評価している。飛びついて買わないで参考程度に捉えよう。

株価レーティングとは

株価レーティングは、期間内における株価の予測パフォーマンスを、買い・売りなどに記号化したもの。

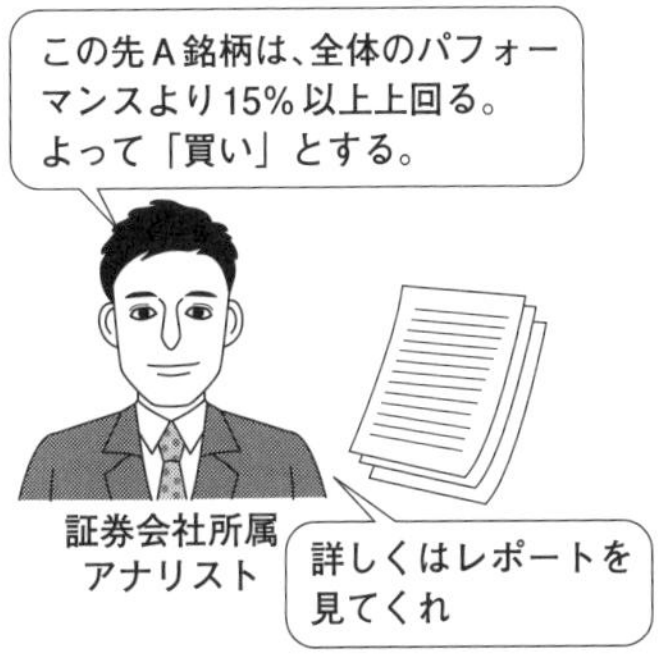

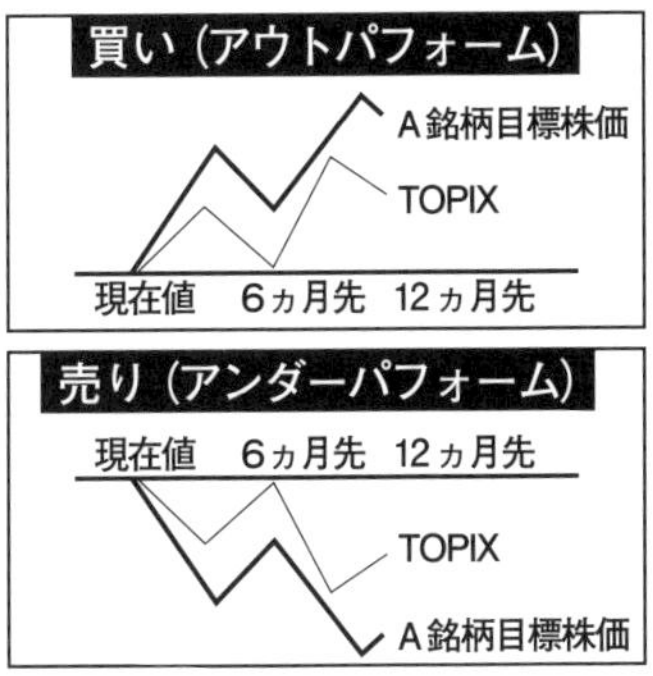

株価レーティングに飛びつくのは危険

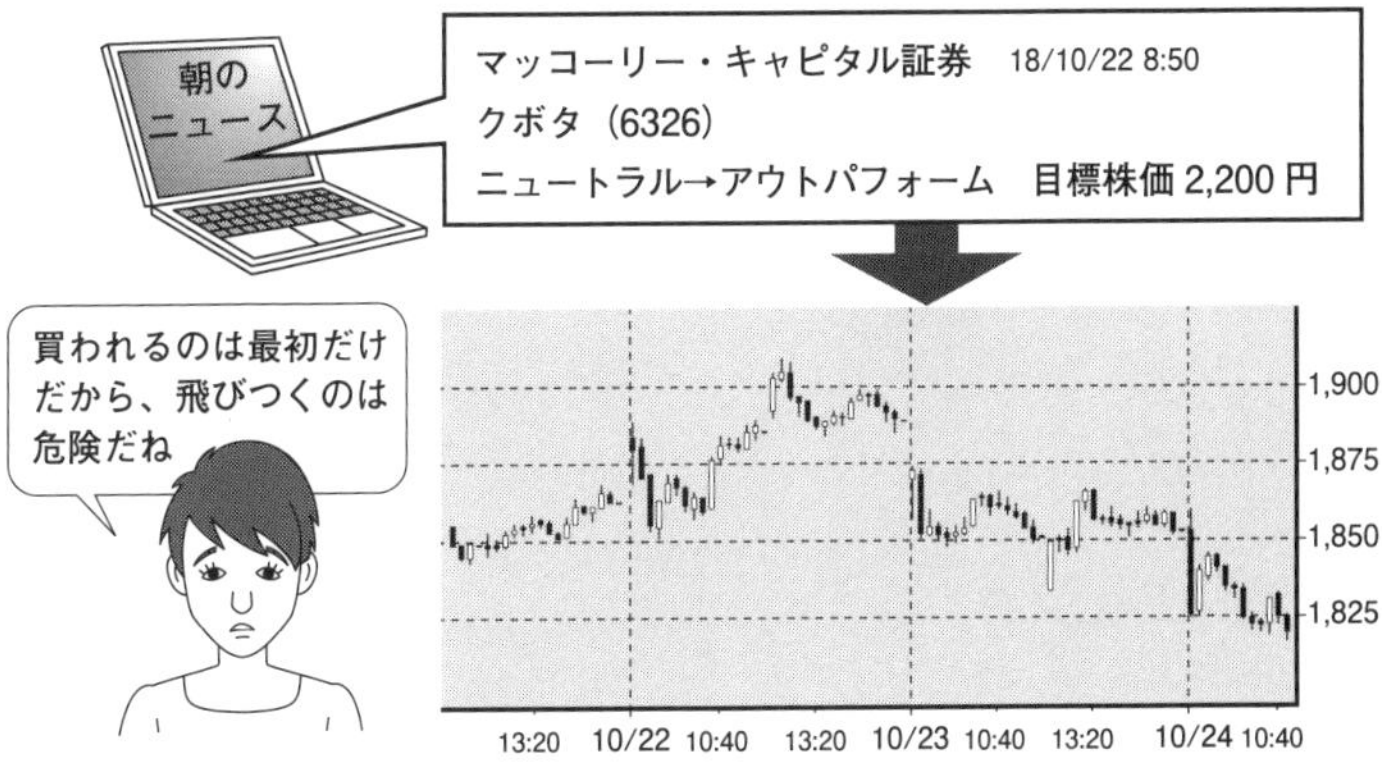

取引のカラクリ⑯

正義か悪か？ ヘッジファンド

「ヘッジファンド」とは何者だろう？

投資信託も「ファンド」と言うため、似ているようなイメージがあると思う。「ヘッジ」とは、リスクを回避する行動のことなので、堅実な印象を持つかもしれないが、それは名前だけで、ヘッジファンドはそのような性格をまったく持ち合わせていない。では、投資信託とヘッジファンドを比べてみよう。

資金の集め方において、投資信託は公募形式で小口資金を広く一般投資家から募る。対して、ヘッジファンドは主に**私募形式で機関投資家や富裕層などから私的な資金を集める**。運用対象においては、投資信託は現物株で長期運用を行い、ヘッジファンドは主に先物などのデリバティブ派生商品で運用する。値動きが激しいデリバティブ商品を扱うことから、ヘッジファンドが**投機的**なことが分かるだろう。利益を追求する手っ取り早い方法はレバレッジを高めることだ。いわゆる**ハイリスク・ハイリターン**である。

サブプライムローン問題は、リーマンショックを引き起こした。この時、ベアー・スターンズ証券傘下の2つのヘッジファンドが、サブプライム派生商品の運用失敗で破綻している。ふくらみ過ぎたポジションが原因だ。大手証券傘下の破綻が、ヘッジファンドの危険を明るみにし、金融不安へと連鎖したのも事実だ。

現在、約1万社と言われるヘッジファンドの多くは、香港・シンガポール・ケイマン諸島など、タックスヘイブン（租税回避地）を拠点として、税金・法律を回避しているため、実態がつかめない。

ヘッジファンドとは、**強欲資本主義が生んだ「マーケットの黒幕」**なのだ。

ヘッジファンドと投資信託

ヘッジファンドに集まる資金は上昇傾向

ヘッジファンドは、あらゆる金融商品に投資し、空売りも行って下落局面でも利益を追求する。一見すると安定した運用に見えるが、レバレッジも効かせた投資なのでハイリスク・ハイリターンなのだ。

ヘッジファンドと投資信託の違い

ヘッジファンド
あらゆる金融商品へ投資します
ファンドマネージャー
私募形式
最低投資金額 1億円以上
好きなようにやってくれ
投資信託（ファンド）
成長株・不動産などテーマに沿って投資します
ファンドマネージャー
公募形式
最低投資金額 1万円程度
安全にお願いします

運用スタンスの違い

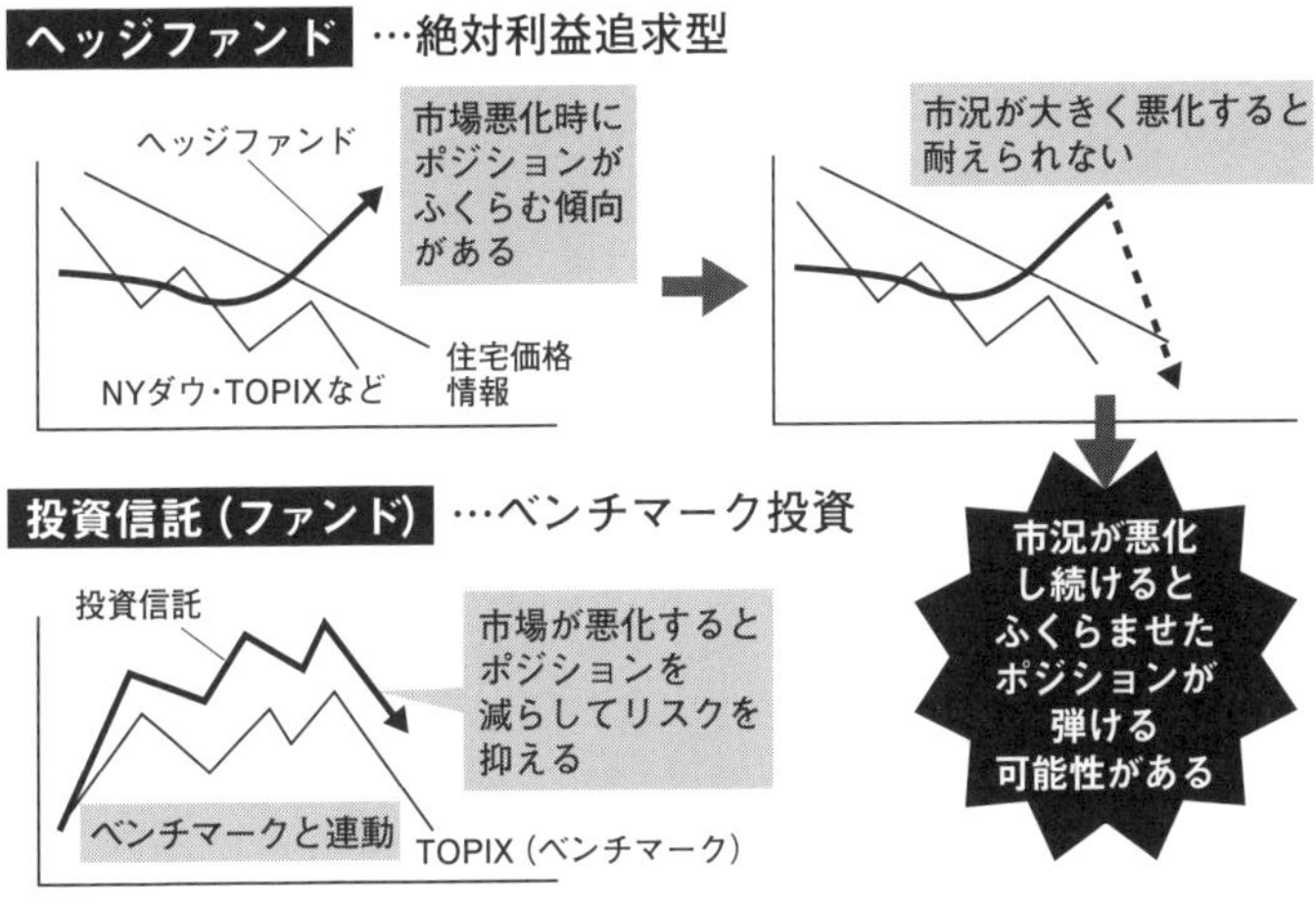
ヘッジファンド …絶対利益追求型
ヘッジファンド
市場悪化時にポジションがふくらむ傾向がある
住宅価格情報
NYダウ・TOPIXなど
市況が大きく悪化すると耐えられない
市況が悪化し続けるとふくらませたポジションが弾ける可能性がある
投資信託（ファンド） …ベンチマーク投資
投資信託
市場が悪化するとポジションを減らしてリスクを抑える
ベンチマークと連動
TOPIX（ベンチマーク）

取引のカラクリ⑰

HFT・アルゴリズム取引とは？

「HFT」とは、コンピュータを使った高速自動売買のことである。現在、東証一部の出来高の約6割がHFTによるものとなっている。最近では、発注速度の競い合いの果てに、ミリ秒（1000分の1秒）から、マイクロ秒（100万の1秒）まで高速化している。そして、どういう状況になったらHFTを使うかといった条件（プロセス）を**「アルゴリズム」**という。この世界は、私達の目には見えていない。発注条件も高速取引も人の目には見えないからだ。では、株取引の見えない所で何が起こっているのだろうか？

一例として、JR東日本の株価7900円に、200株の売り物があるとする。ここで日経225先物が10円上昇すると、その瞬間に、その200株はHFTによって買われる。人の頭で「先物が10円上昇したからJR東日本を買うか？」と思った頃には、もうそこに株はなくなっているわけだ。**「先物連動型」**と勝手に命名するが、このような早い者順の場面で機能しているのだ。もう一つの**「追従型」**は、プレーヤーの売買に乗ってくるパターンだ。例えば、節目の株価8000円に1000株の売り物があるとする。ここに700株の大口買いが入ると、その瞬間、残りの300株はHFTによって買われてしまう。

アルゴリズムは、統計・分析データをもとに作成されるが、テクニカル分析で注文を執行するものや、面白いものでツイッターなどの記事からデータを収集し数値化して、自動売買に生かすというのもあるようだ。

HFT・アルゴリズム取引は、大手証券会社の自己売買部門やヘッジファンドなどが膨大なお金をかけて導入している。デイトレーダーには死活問題となっているが、次の項目で攻略法（回避法？）を解説したい。

株取引の見えない世界

アルゴリズムの指示で発注されるHFT

時代は高速取引へと移り変わった。HFTを使って発注しているのは機関投資家であり、HFT同士で食い合いをしている。目には見えないので気にすることもないのだが、存在だけは知っておこう。

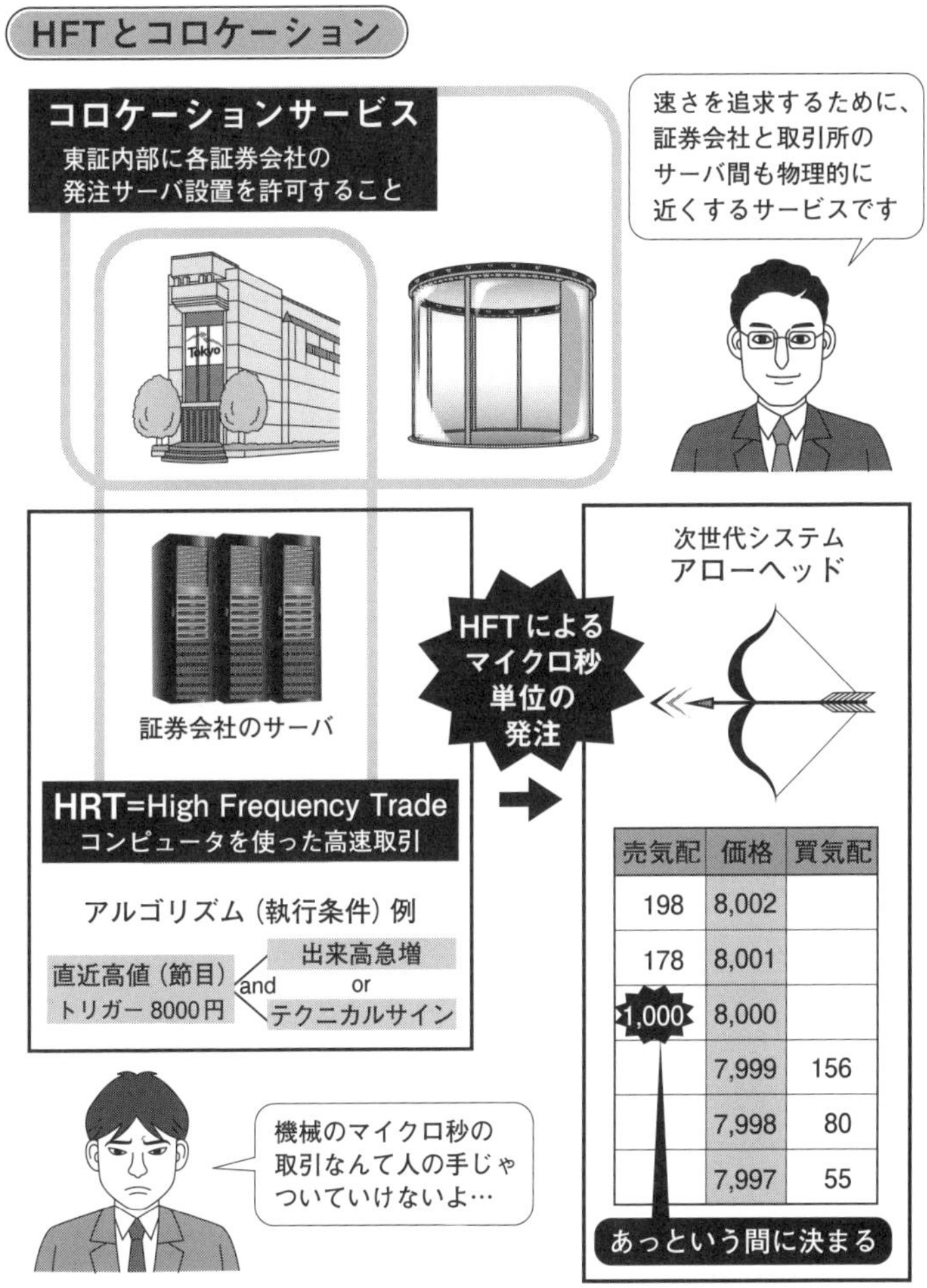

売気配	価格	買気配
198	8,002	
178	8,001	
1,000	8,000	
	7,999	156
	7,998	80
	7,997	55

取引のカラクリ⑱

機械を制するのはやはり人間？

人工知能は、オセロ・将棋から始まり株取引にも応用されている。利益を出せる方法を過去の統計や人の心理から解析してアルゴリズムを作り、その一つの手段として**HFT（高速売買）**も利用されている（前項参照）。

アルゴリズム対策は**「回避する」「味方にする」**の2つだ。人にあらずんば投資家ではない。コンピュータを逆手に取るのだ。

プログラムされたHFT・アルゴリズム取引は、短期売買向けなので、導入した銘柄に、出来高を伴った値動きがなくては機能しない。停止したままだ。なので、HFT・アルゴリズム取引は、東証一部の出来高上位100銘柄ほどに導入されている。よって、回避するには、この銘柄を外す方法が考えられる。

そして、主力銘柄の株価2000円～3000円台の銘柄を避ける方法もある。この価格帯は、板が薄く、刻み値が1円なので、需給が板にはっきりと表れる。つまり**HFT売買によって上下に振り回される**のだ。

HFTを味方につけるには順張りが有利である。ある程度資金を持つ投資家ならば、板に対するインパクト判定で追従買いが入る。例えば、自分が500枚買えば、同じ価格に500枚前後の追従買いをしてくれる可能性が高い。反対に、逆張りは難しい。大口の売りに、HFT・アルゴリズムの追従売りが加わり、必要以上に下落する可能性が高いからだ。ここにも「買われている株を買う」という基本が見えてくる。

アルゴリズム取引は、多くの金融商品に導入され、テクニカル分析で発注するように組まれている。第6章で解説するテクニカル分析に基づくトレードを行えば、HFT・アルゴリズムを味方にできるだろう。

プログラムを逆手に取る

回避するのも手・味方にしてこそ一流

HFT取引はアルゴリズムに従い、テクニカルサインで買われたり、個人投資家の売買に乗ってきたりする。パターンはいろいろだ。味方にするには、次章のテクニカル手法も加えると勝率が上がるはずだ。

HFT・アルゴリズム対策

回避する

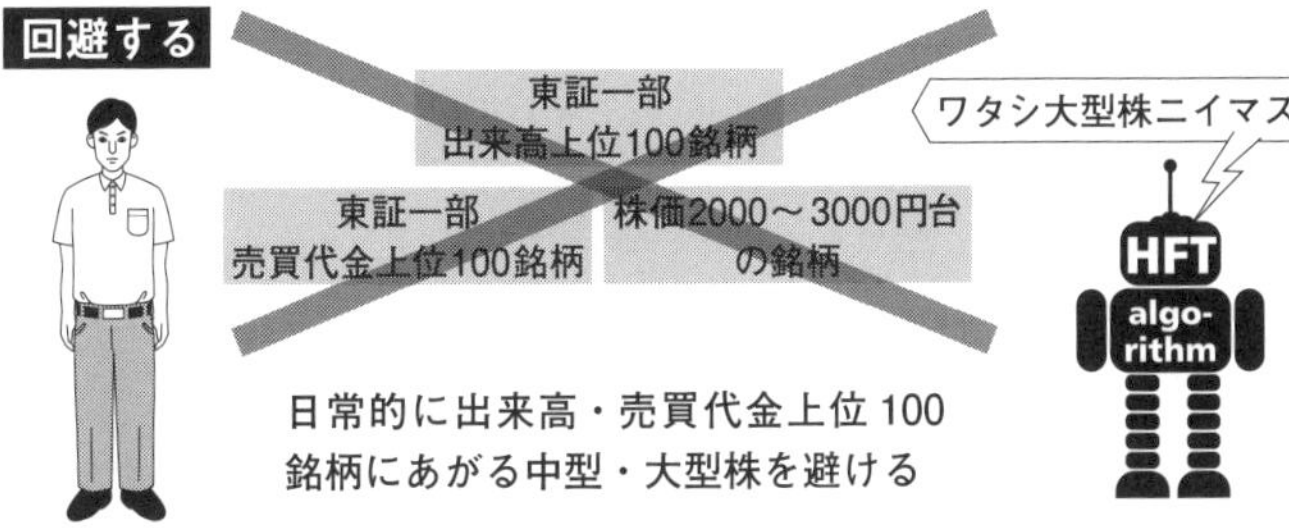

日常的に出来高・売買代金上位100
銘柄にあがる中型・大型株を避ける

味方にする

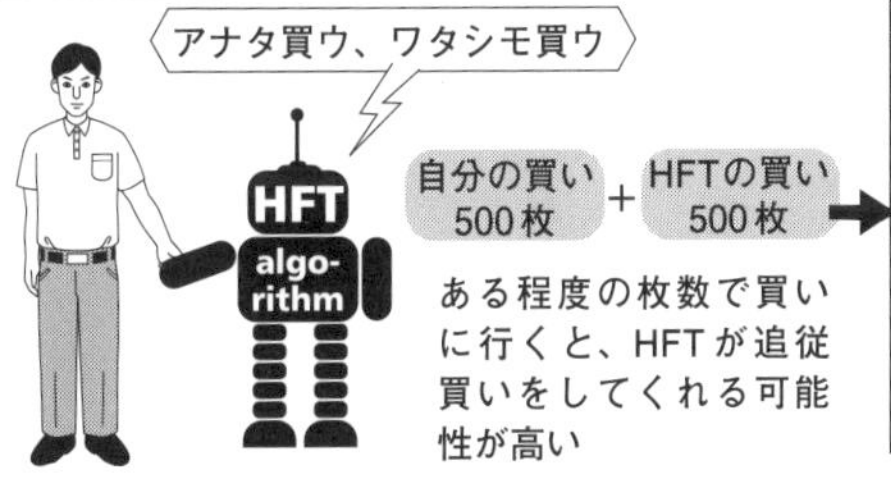

ある程度の枚数で買いに行くと、HFTが追従買いをしてくれる可能性が高い

売気配	価格	買気配
198	8,002	
178	8,001	
1,000	8,000	
	7,999	156
	7,998	80
	7,997	55

順張り（トレンドフォロー）が基本

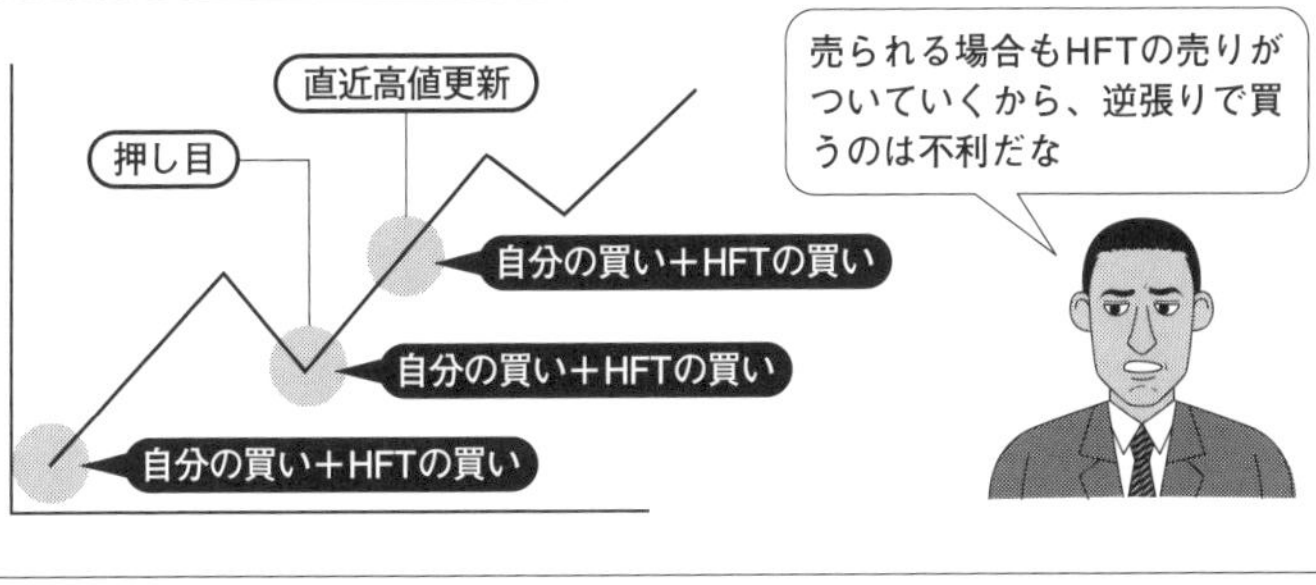

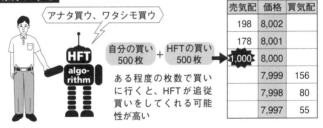

取引のカラクリ⑲

若者に人気のデイトレードは難しい

2013年11月、株式の空売り規制が緩和されて、先物と同じように空売りができるようになった。この緩和を受けて個人投資家のデイトレード環境は、証券会社が用意するアプリケーションの質に、信用取引の金利と売買手数料の安さが加わり、過去最高に整った状態と言える。

空売り規制の緩和は、去年からアナウンスされていたが、この本では空売りの攻略はあまり書いていない。買い方と売り方においては、買い方を主体とした話が多かったが、基本原理は同じである。「買い」の文言を、「売り」に差し替えて読めばよい。しかし、この規制緩和を受けて、相場がどのように変化するかを知るために、もっと時間をかけて相場を見る必要がある。

現在、デイトレードの環境は良いといっても、これまでのデイトレーダーの成績は、巷の噂通りに良くないはずだ。原因の一つに、**経験の浅いトレーダーが投機に向かう**ことが挙げられる。デイトレードとは、板読み、チャートテクニカル、為替、企業業績、テーマなど、各材料の端々を総合して銘柄を選び、一手を打つことであり、**株取引の経験がある程度求められる**のだ。株取引を細かく解説しようとすると、デイトレード向けになってしまう理由もそこからくる。第4章の「株式市場の参加者を知ろう」（90ページ）で登場した相場師や外国人のエリート投資家などは、家族やその生活と引き換えに、命をかけて挑んでくる。片手間で勝負する世界ではないのだ。一言で言って、**デイトレードは難しい**。しかし、必要な知識の100％近くはこの本にある。あとは、相場を見つめて、少しずつ経験を積むことが求められる。

デイトレードは
若者向けではない

相手は命をかけたエリートとプログラム

「値幅がある」とは、一方通行に上下する場面が多いということだ。出来高が少なく値幅がない時はやらない方が良い。デイトレードは、株の集大成的な知識を備えた「経験者向け」なのだ。

デイトレードは難しい

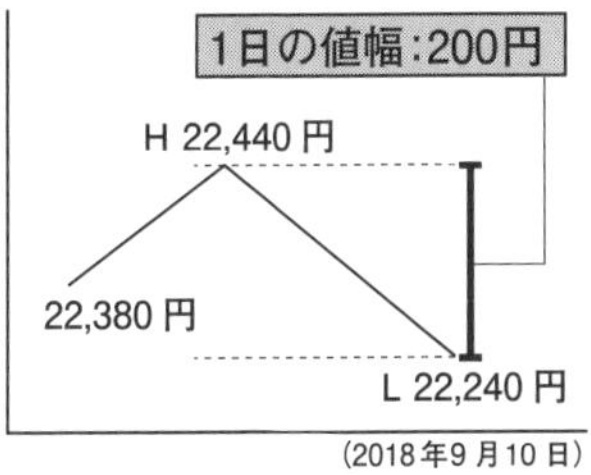

1日の値幅：200円
H 22,440 円
22,380 円
L 22,240 円
(2018 年9 月10 日)

デイトレードは値幅が小さいから
トレンドが小刻みに変わって
難しいんだ
デイトレーダー

デイトレードに必要な知識

板読み

売気配	価格	買気配
4	102	
2	101	
	100	5
	99	3

チャートテクニカル

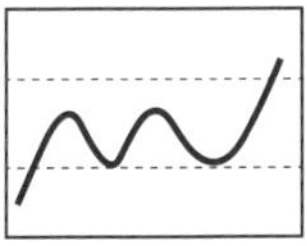

国内・海外市場分析

国内市場のテーマ　アメリカ株・為替動向
経済指標・企業ニュース

ライバルは
命がけでくる世界のエリートたち

スイングトレードは少し簡単

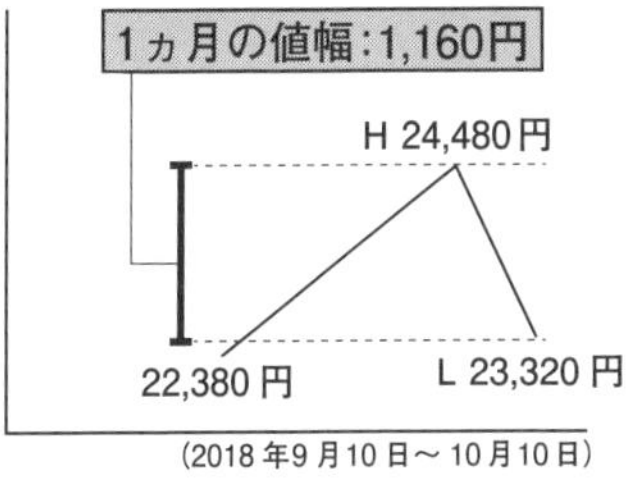

1ヵ月の値幅：1,160円
H 24,480円
22,380 円
L 23,320 円
(2018 年9 月10 日～ 10月10日)

スイングトレードは
トレンドに乗ることが
重要なのがわかるわね
スイングトレーダー

取引のカラクリ①

なぜ損切りは難しいのか？

ある立ち食いステーキ屋の店員はマスク（透明なプラスチック製）をしていた。口の唾液が料理に入るリスクを除外した姿が顧客に向けた最善のプロパガンダのようだった。リスクといえば、自転車の二人乗りは原則禁止となり、副流煙の問題で紙巻きタバコは消えつつある。人は善人である証明に、思いつく限りの小さなリスクを宣言することに躍起になっている。しかし、状況が一変すると様子は異なる。経済が衰退した折には、人の唾液はもとよりモラルなど気にせず、非合法ドラッグだって広まるだろうし、人は身に危険を感じたら命をかけて戦い、家族を養うためなら多大なリスクを背負って狩りにも出向くだろう。好景気の時には小さなリスクを気にしていたのに……なりふり構わずになってしまう。

前文の小さなリスクを摘む人々の心理が、予想通り株価が上昇しているのに、少ない利益で早々と決済してしまう投資家の行動原理である。持っている株式が上昇しても、もし下がったら……この**もしもという不安がリスクになってしまうのだ**。株式投資で利益が伸ばせない理由である。

反対に、先日まで慎重に取引していたのに、威厳を守るために損切りができず、損失が一定ラインを超過すると、急に「どうにでもなっちまえ！」とツバを吐き、一発逆転の大玉を張ったりする。身に危険を感じたら多大なリスクを背負ってしまうこの心理が、損失だけが膨らむ原因となっている。

拙著『超実践　株式投資のプロ技』（彩図社）に詳しく解説してあるが、**投資を難しくする最大の要因は手法の錯誤でなく、人間社会に教育された私達である**ことを覚えておこう。

人の見栄が損切りを遅らせる

投資の成果は自己の心理に委ねられている

私たちは日常の事件・事故を共有し合い、リスクを避けるよう努めている。しかし自転車の二人乗りの危なさを指摘する裏で核兵器の話をしている。利小損大、コツコツドカン……人の矛盾した性質が早い利食いと遅い損切りの原因になっているのだ。

利益が伸ばせない心理

現状が「平和」だと小さなことにこだわり、カットしてしまう

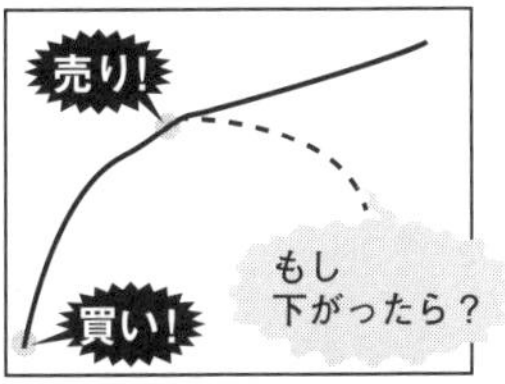

売り!
もし
下がったら？
買い!

株式を買った途端にリスクになる

今月プラスだから小さなリスクも残したくない。売りでいいや
えっ、もう!?

損切りができない心理

現状が「平和じゃない」ほど多大なリスクをとってしまう

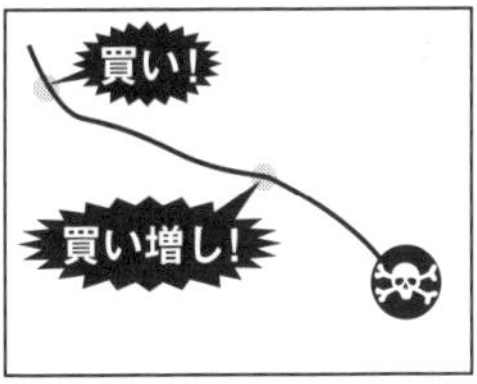

買い!
買い増し!

一定ラインを越えるとすべてをかけて戦う

今月マイナスなんだよ、損切りなんかできるか！
平和なときは小さなリスクを気にしていたのに…

銘柄選びより資金管理が大切

資金管理（取引枚数、最大損益、勝率） ＞ **銘柄選び**（テクニカル、ファンダメンタル、ニュース etc）

買う枚数と最大損失を前もって決めておけば多大なリスクを背負わない

取引のカラクリ①

損切りと利食いを徹底してみる

感情任せのお祈り投資法（138ページ「信用取引はハイリスク?」参照）を避けるためには、損切りと利食いの厳格なルールが必要である。「損切りを早く!」という声は投資のどこからでも聞こえてくるが、これは利食いの方を考慮していない。**利食いを広くとるなら別に損切りを早くしなくてもいいのだ。**

損切りと利食いの最低限のルールは、**損切りが1なら利食いは1以上**ということ。つまり、株式を買って100円以下で損切りと決めたら利食いは100円以上に設定する。逆に利食いを200円と決めたら、損切りするのを200円以下まで引っ張ることができる。ルールに基づく損切りなら自暴自棄にならないだろう。

では、もし利食い60円で損切り100円ならどうなるだろうか。左図の「バルサラの破産確率表」の損益率0・6に該当し、勝率60%で破産確率64・1%と厳しい展開が予想される。この勝率60%という数字も私の経験上では難しく、最高に上手く取引できた日でも勝率65%前後である。ならば勝率が30%でも利食いを損切りの3倍（損益率3）まで引っ張った方が安全な取引になるだろう。

おそらく多くの投資家は少し利食いが早いか、少し損切りが遅いがために「株は難しい!」という状況に陥っているのではないだろうか。損切りを話題の中心にする一方で、株に利益が乗った時は「どうぞ適当なところで利食ってください」と、気の緩いセリフしか聞こえてこない。

勝率を上げるために企業業績やテクニカル分析の勉強は有効であるが、自身のトレードの損切りと利食いの兼ね合いやルールについても考察してみよう。

大切なのは
損切りと利食いのバランス

損切りが遅いなら利食いも遅くする

ここで紹介する破産確率表は、数学者ナウザー・バルサラという人物が考案した計算法であるが、確率にとらわれすぎず、損切りの値幅より利益幅を少しでも伸ばす意識を持てばよいだろう。

バルサラの破産確率表

自身のトレード手法において将来どのくらいの確率で破産するかを求めることができる。

勝率：勝ちトレード数 ÷ 総トレード数
損益率：平均利益幅 ÷ 平均損失幅

損益率	勝率（%）10	20	30	40	50	60	70
0.2	100	100	100	100	100	100	98.0
0.4	100	100	100	100	99.9	95	58.7
0.6	100	100	100	99.9	96.1	64.1	12.4
0.8	100	100	100	98.8	78.4	26.1	1.3
1	100	100	99.9	92.6	50.0	7.4	0
1.2	100	100	99.1	78.4	26.0	1.8	0
1.4	100	100	96.4	59.5	11.9	0.4	0
1.6	100	99.9	90.4	41.2	5.1	0.1	0
1.8	100	99.7	81.1	26.8	2.2	0	0
2	100	99.1	69.6	16.8	0.9	0	0
2.2	100	97.7	57.6	[illegible]	[illegible]	[illegible]	0
2.4	100	95.2	46.4	[illegible]	[illegible]	[illegible]	0
2.6	100	91.5	36.6	[illegible]	[illegible]	[illegible]	0
2.8	100	86.8	28.5	2.4	0	0	0
3	100	87.2	22.0	1.5	0	0	0

この範囲を目標にがんばろう

勝率70%でも損益率が0.4だと厳しいな

人は勝率にこだわるけどやっぱり内容がすべてなんだね

リスク・リワード1対1の法則

損失が100円の値幅なら利益は100円以上の値幅でなければならない。

500
400
損切り -100
1 対 1
600
500
利食い +100

SNSや個人ブログをどう役立てる？

取引のカラクリ①

SNS（主にツイッター）の主な活用方法は、ニュースの配信元であるロイターやブルームバーグなど情報ベンダーをフォローすることである。企業決算や経済指標の発表など重要イベントの速報がリアルタイムに取得できる。しかし、フォローする企業や個人投資家が増えてくると、その発言がタイムラインを埋め尽くし、無用な話や広告まで目で追う羽目になってしまう。せっかくの情報を投資に活用できないのだ。

ツイッター全体には、膨大な量の相場に関する個人の貴重な発言がある。その発言から取引する銘柄や相場のトレンドまでを測ることができる。そのため、「銘柄LIVE」（http://meigaralive.com/）のような収集機能を使ってSNS全体のビッグデータから個人の発言を抽出した方が効率がよいのだ。

個人ブログの場合は、短期と長期投資家できっぱりと内容が分かれている。短期投資家の記事は精神論と毎日の取引日誌が主体、長期投資家はテクニカルやファンダメンタルズ分析の解説、そして相場観の意見が主である。ポイントは、もし自分がデイトレーダーなら一切の長期投資家のブログを読まないことである。時間軸の長い投資家の意見や考えを、自分の短期投資に都合よく転嫁してしまうからだ。例えば、自分にとって都合の良い長期投資家の意見を持ち込み、損切りラインに到達しても損切りができなくなる恐れがある。途中で手法が二転三転してしまう。

拙著『株式ディーラーのぶっちゃけ話』に、日々の取引を綴るブロガーを劇場型トレーダーと呼んで解説している。**SNSはその都度の情報取得に、ブログは相場人生を勉強するのによいだろう。**

オンライン上には たくさんの投資家がいる

SNSは今日の取引に、ブログは明日の取引に

SNSは情報の一つでしかないが、ブログはひとりぼっちの投資家の支えになることもある。人は何を考え、なぜ勝てたのか、負けたのか。時折の相場を離れた些細な記事に張り詰めた日常から解放される。人は投資にどう向きあっているのか勉強するのがよいだろう。

Twitterの情報を活用する

1.Twitter アプリ

・速報ニュースをチェックする

ロイター　ブルームバーグ　など
情報ベンダーをフォロー

2.「銘柄ライブ」

http://meigaralive.com/

・みんなが注目している銘柄を知る
・相場のトレンドを図る

銘柄ライブ
◯IPOが高い、うるる頑張れ
◯モバファク売り気配じゃん
◯ゲーム全滅……
◯仮想通貨が上、リミックス注目かな
◯ＡＩ関連のブレインパッドきてる
◯今日はリミックスとブレインパッドか
…

Twitter全体から個人投資家の発言を抽出するんだね

個人ブログを活用する

自分の環境に近いブロガーを探す

短気と長期じゃ選ぶ銘柄がまったく違うんだね

1. 専業投資家

・トレード日誌から銘柄を学ぶ
・トレードシステムから環境を学ぶ
・手法と年間成績との兼ね合いを探る
・紆余曲折の投資人生を学ぶ

2. 兼業投資家

・ポートフォリオから銘柄を学ぶ
・手法と年間成績との兼ね合いを探る
・本業と投資の関わり方を学ぶ
・相場観から経済動向を読む

絶対に見てはいけないブログ

・保有するポジションの推奨
・これから上がる銘柄の告知
・会員制ブログ
・情報商材にリンクしたもの

目指せ！スマートフォン投資家

取引のカラクリ①

私のスマートフォン（アンドロイド）のホーム画面には、ドル円レート・日経平均株価・個別株価・NYダウ平均株価・ニュース等が所狭しと並んでいる。楽天証券やYahoo！ファイナンスの他、コンテンツサービスから様々なアプリやウィジェットがダウンロードできるのだ。他には標準のメモ機能や世界株価アプリの指数アラームも活用している。電車やトイレ、または海外にいたってすべての情報が手に入り、通知機能が事の様子を伝えてくれる。そう、私はスマートフォン投資家なのである。

個人投資家が目にするネット証券は100％、専用のアプリを提供している。口座への入出金から取引まで手元のスマートフォンだけで完結できるようになっている。情報収集の利便性はパソコンを上回る状況にあるのは分かるが、では、スマートフォンでの取引の方はどうなのだろうか。

スマートフォンの取引には、大別して板発注と2WAY発注がある。**注目すべきは板発注機能を搭載したアプリ**であり、証券会社がどんな理由で導入する経緯になったのかはわからないが、2WAY発注（FX取引向け）の方はあまり株取引に向いていない。2WAY発注だと不利な値段で約定する確率が高いのだ。（左図参照）実際の取引はチャートを確認→板発注に画面を切り替えて発注となる。パソコンのようにチャートを確認しながら発注できない点がデメリットで、スマートフォンで超短期トレードは難しいだろう。しかし、1日に3回程度のデイトレードから長期投資に至っては何の問題もない。

この機会に、モバイル環境を整えて場所や時間を選ばないスマートフォン投資家になってみよう。

Androidウィジェットでパソコンを超える環境へ

株式情報と発注機能を持ち歩く

最近ではスマホ証券というモバイル専門の証券会社が登場するなど、パソコンで凝りつめたイメージの投資は一新されている。「気楽に投資」と謳いたくなるが、そうではなく、スマホの最高の情報環境とパソコン同等の発注機能に注目すべき点がある。

ホーム画面を投資向けにカスタマイズする

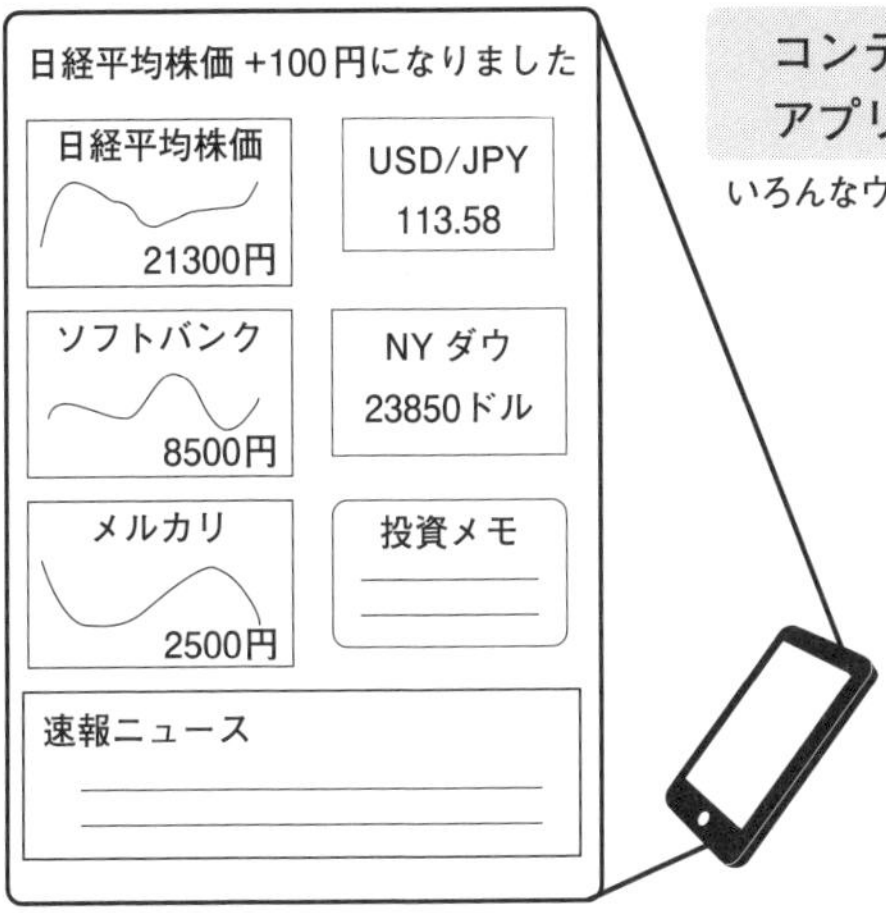

コンテンツサービスでアプリをダウンロード

いろんなウィジェットが追加できる

- Yahoo! ファイナンスアプリ：為替レート、ニュース
- 楽天証券アプリ：株式指数、個別株価
- 世界株価アプリ：通知機能

2WAYのスプレッドに注意せよ

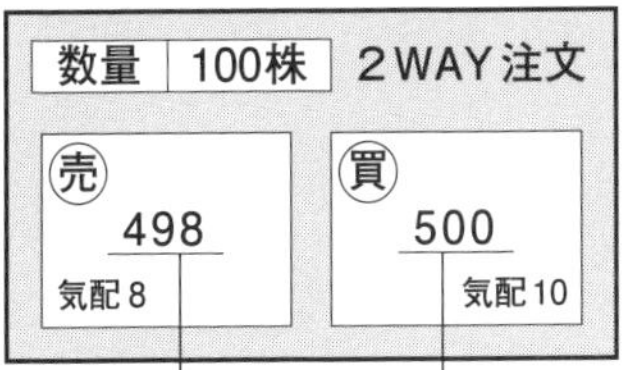

2円分の開き（スプレッド）がある

仮発注で見ると、実際は499円で売買されている

売気配	株価	買気配
	502	
7	501	
10	500	
	499	
	498	8
	497	
	496	6

注意ポイント

2WAY注文の㊎㊌価格の開き分、高く買って安く売ってしまうことがある

498円で㊌をクリックした瞬間に価格が更新され、496円で安売りしてしまうことがある

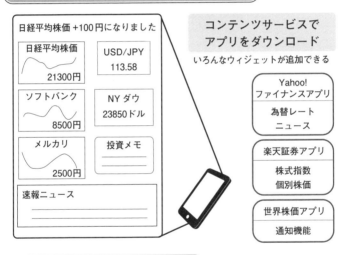

第６章

長期投資やデイトレにも使える——テクニカル分析で銘柄を選ぶ

テクニカル分析①

ローソク足チャートを理解する

チャートとは、株価を観測する図表のことで、縦軸が価格、横軸が時間で、過去の値動きが分かる。折れ線グラフ（図①）は学生の頃、数学の授業などで目にした人も多いはずだ。しかし、株式投資で見る折れ線グラフは、株価のある期間（15分、1日など）の「終値」を結んだラインなので「何となく上下しながら上昇しているようだ……」などとしか分からない。

そこで、折れ線グラフに情報を追加したのが、金融商品専用の**「ローソク足チャート」**（図②）だ。株価や先物価格にはある期間における**「四本値」**という指標がある。「終値」に「始値」「高値」「安値」を足した計四本の値段のことだ。これを一つの図にしたのがローソク足で、時系列に並べると「ローソク足チャート」になる。5分ごとに、この四本値（ローソク足）を並べたのが「5分足チャート」、一ヵ月ごとの四本値を並べたものが「月足チャート」となる。

では、一つのローソク足（日足）が作成される過程を見てみよう。取引を開始して始値1万5450円、下落して安値1万5330円をつけてから、リバウンドして高値1万5640円まで上昇、引け間際に売られて終値1万5600円で取引を終えた。この1日の値動きは、図③の一本のローソク足で表せる。

これらの基本をもとに、ローソク足チャートを使えば、視覚的なテクニカルスキルを身に着けることができる。ローソク足チャートからは、**トレードに役立つ様々なサイン**が発せられる。投資家が一番に時間を割いて見なくてはならない指標なのだ。

始値からの値動きが一目瞭然

日本生まれのローソク足チャート

今まで何気なく見ていたチャートは、ローソク足を並べたものだ。日足チャートなら1日、5分足チャートなら5分間における始値・安値・高値・終値という四本値で形成されている。

ローソク足は折れ線に情報を追加したもの

図1
日足折れ線グラフ

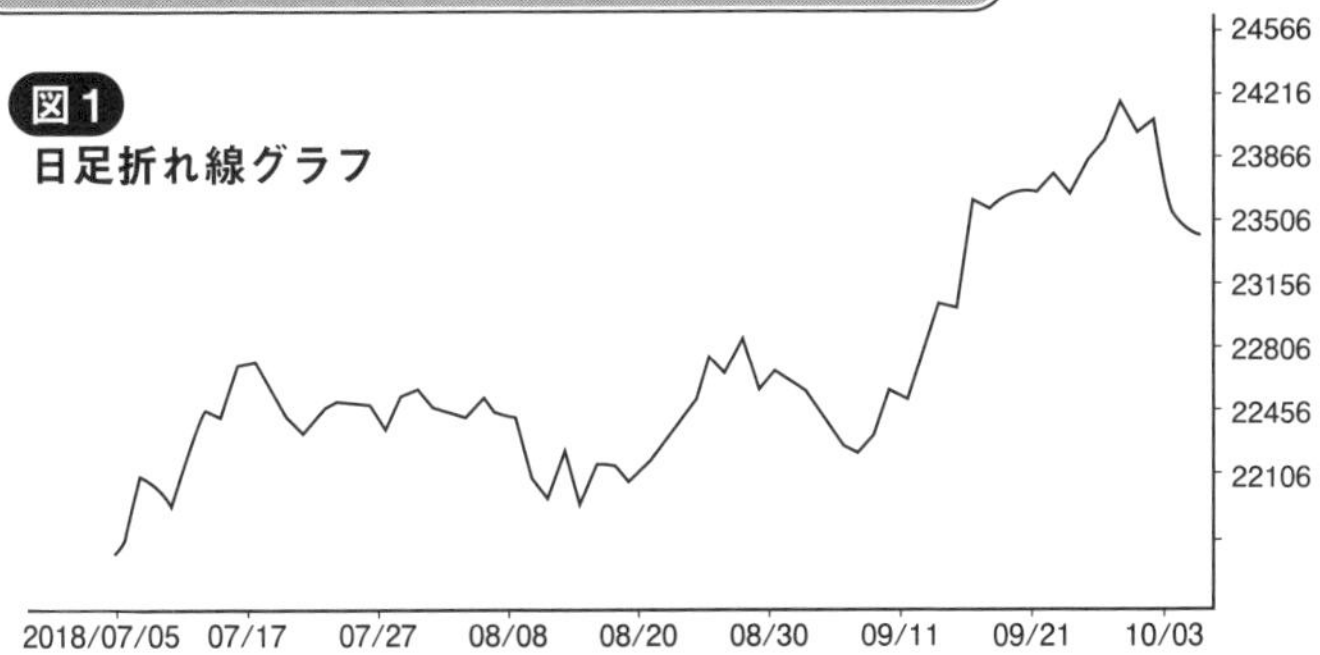

図2
日足ローソク足チャート

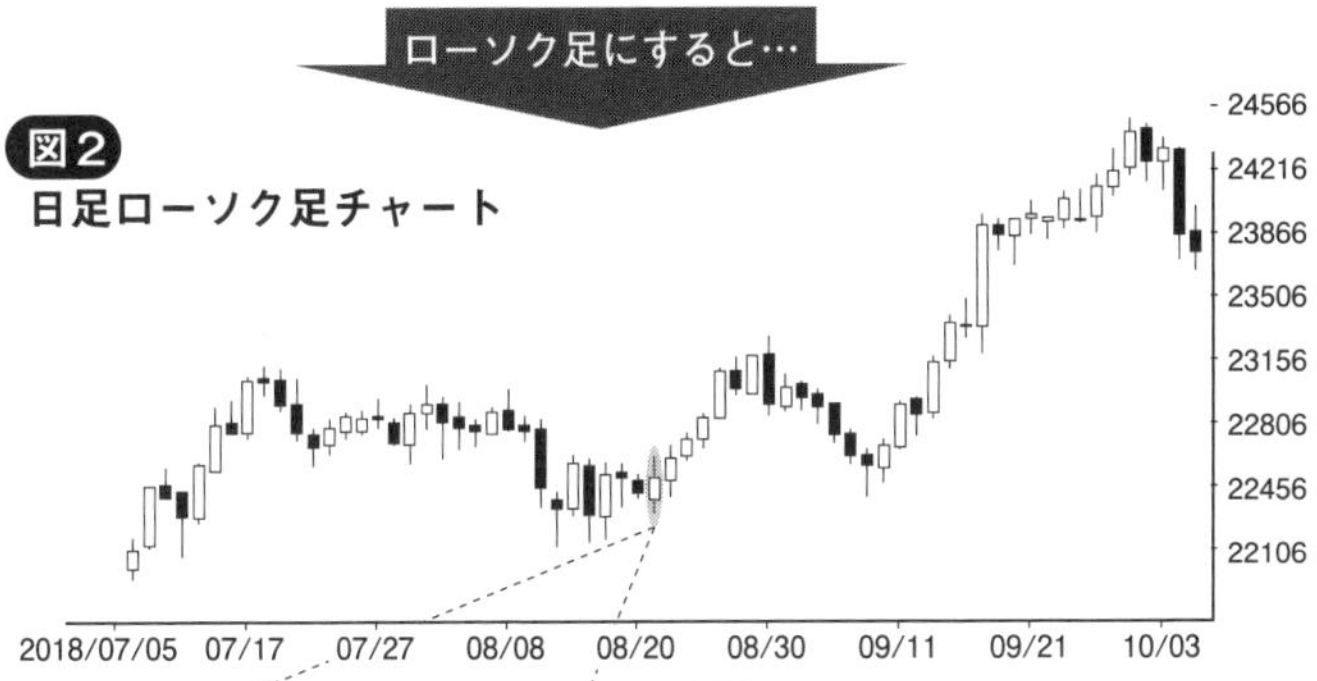

図3

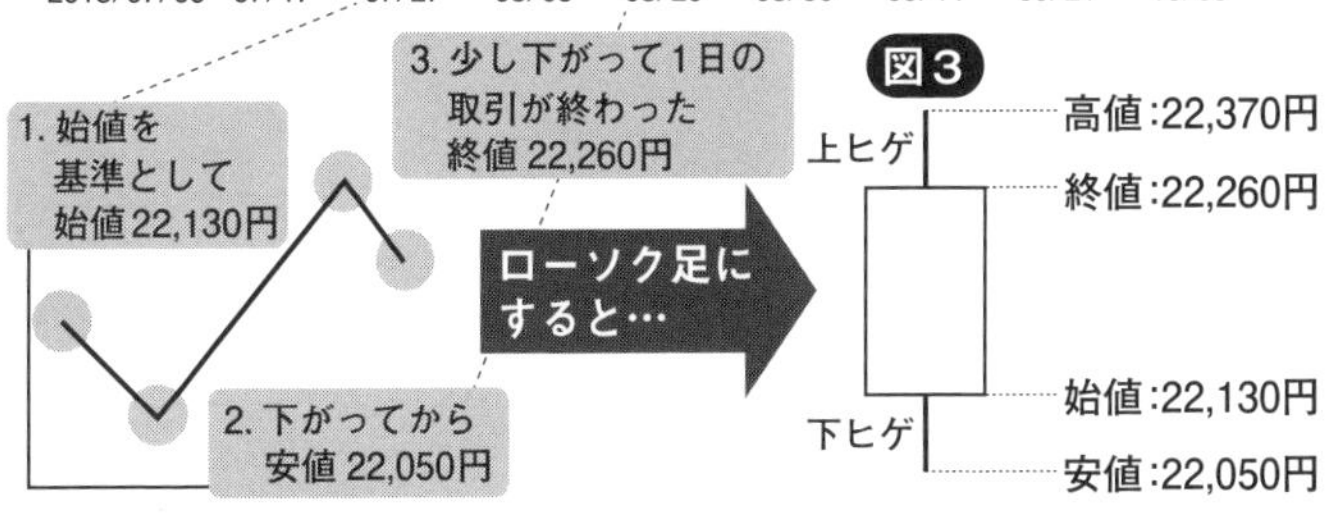

ローソク足チャートで値動きが分かる

テクニカル分析②

ローソク足チャートからの視覚的分析は、第一に**「トレンド」**である。白黒のチャートでは白、カラーのチャートでは多くの場合赤色でローソクがたくさん描かれているが、これらは**「陽線」**と呼ばれ、始値より終値が高いことを表している。黒や青色で描かれるローソクは**「陰線」**と呼ばれ、始値より終値が安いことを表している。右肩上がりの上昇トレンドでは、陽線が多く陰線が少ないことが分かるはずだ。

チャートから分かる第二のものは**「天井と底値」の判読**である。大きなトレンドの終わりには、必ずそれを示唆するサインが出る。「上ヒゲ」「下ヒゲ」の長さがその一つで、安値から大きく戻したローソク足には長い下ヒゲが現れて大底反転を決定づける。上昇相場で長い上ヒゲが現れたら「頭打ち」で、その後は下落に向かう可能性が高い。そして、2本や3本のローソク足を組み合わせた分析で一般的なのが**「酒田五法」**である。

酒田五法は、江戸の米商人で相場の達人・本間宗久が編み出した投機技術とされている。名前の由来は彼の生まれ故郷である山形県酒田市で、米相場で儲けて日本一の大地主となったことで全国に知られていた。

五法とは「三空」「三兵」「三川」「三山」「三法」であるが、後者の2つはパターン認識と考え方なので解説は省く。三空と三兵は、3本右肩上がりに並んだ強い上昇相場の典型である。三川は、足形が3本並んだ時で**「宵《よい》の明星」「明けの明星」**が有名である（左図参照）。宵の明星は、2本目の陽線が短く、買い圧力が弱まったと判断されて、3本目のローソク足で売りに押される形だ。明けの明星は、2本目の陰線が短く、売り圧力が弱まったと判断されて、3本目で上昇に転じている。

本間宗久に学ぶ投機技術

ローソク足から売買の需給を読み取る

投資判断にローソク足を生かすには一般的な決まりがある。長い上ヒゲで天井・長い下ヒゲで底入れとされるが、酒田五法を含めて、相場が大きく動いた時に反転・反落のサインとして機能している。

陽線と陰線

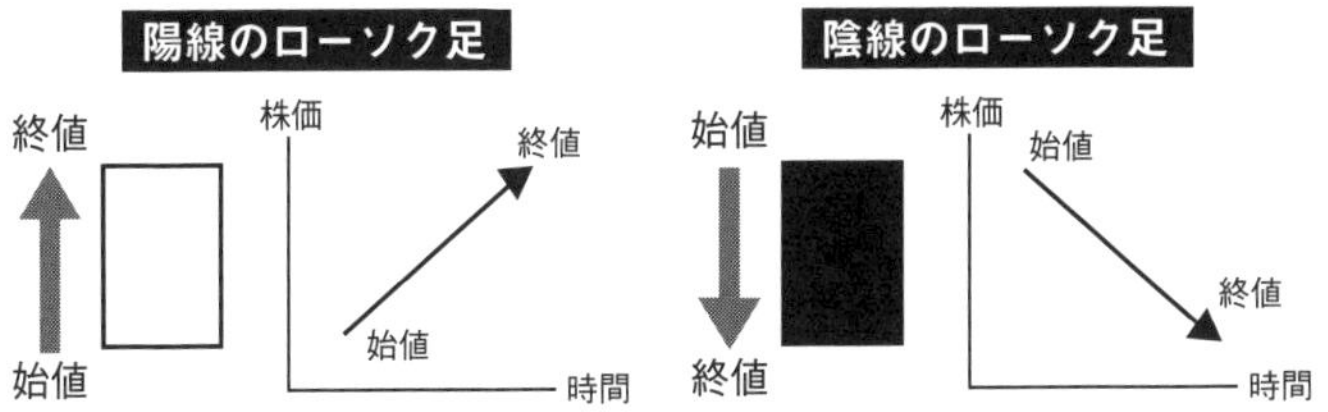

ローソク足からいろいろな情報が得られる

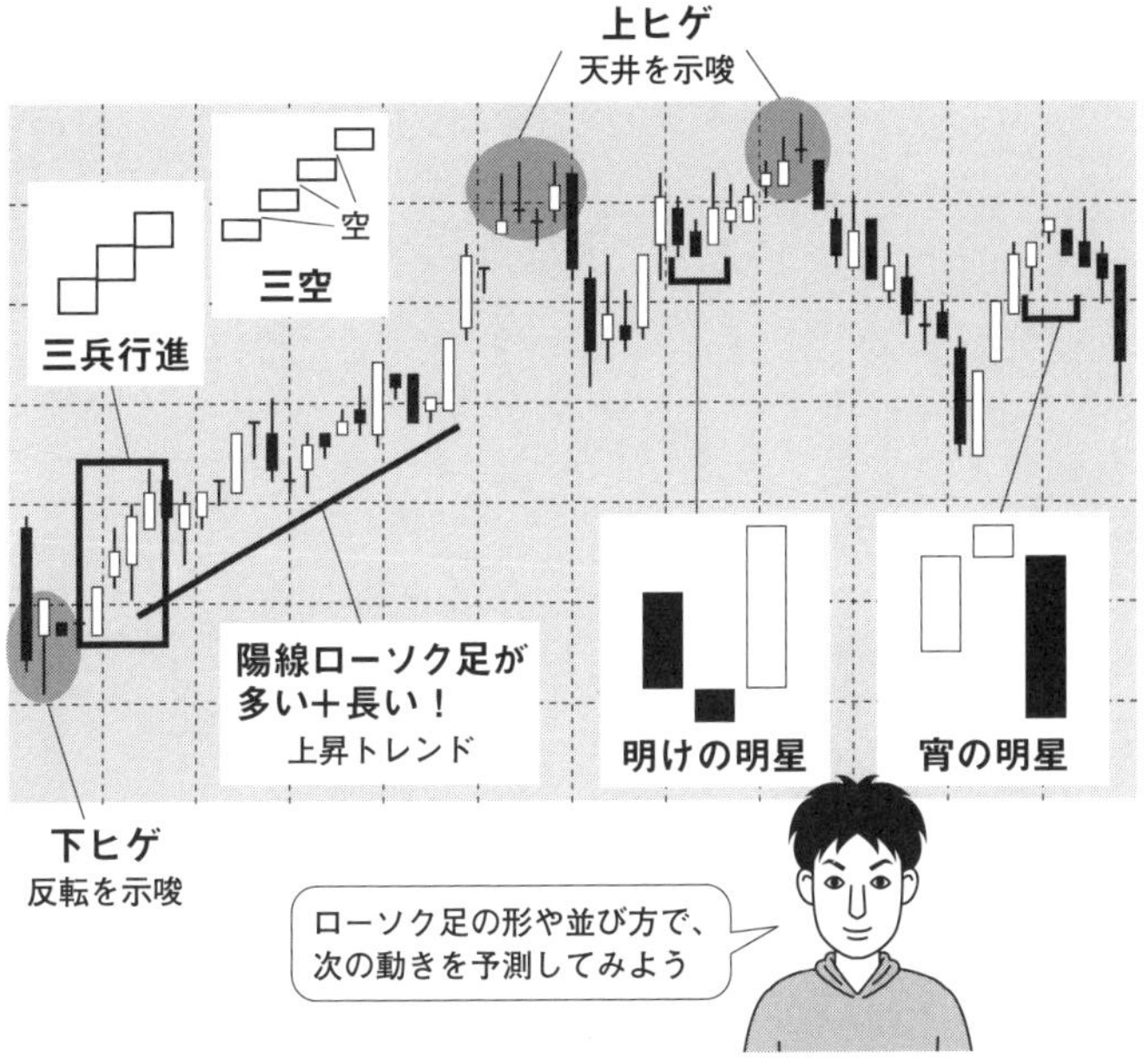

テクニカル分析③

トレンドラインを活用する

ローソク足チャートを眺めて、右肩上がりなら上昇トレンドで間違いない。しかし**「どこで買うか」**が問題だ。トレンドとは一般的にマーケットの動く方向性を意味するが、現実には直線的ではなく上下に波打った動きをしている。できれば上昇トレンドの中でも安く買いたいものだ。そして上昇トレンドが終わる時に売却したい。都合の良い話だが、その目安となるテクニカル分析に**「トレンドライン」**がある。

トレンドラインは、チャート上の高値と高値を結んだ**「レジスタンスライン」**、安値と安値を結んだ**「サポートライン」**という2つの抵抗線を、自分で描画することから始める。

図①では、しばらく続いた上昇トレンドが終わり、レジスタンスフインに頭を抑えられて下降トレンドに変化したことが分かる。図②のチャートでは、長期サポートラインで反発しながら上昇トレンドを継続している。このラインを下に大きく割るとトレンドが変化する。手法としては、ライン上で反発したら上昇継続として買いポジションをとり、ラインを割ってすぐに戻さない時は売りポジションをとる。

株価が上下一定の値幅で動く「レンジ相場」の場合はどうだろうか？　図②のレンジでは、サポートラインとレジスタンスラインに挟まれて、横ばいトレンドを形成している。もし、レジスタンスラインを上抜けた場合は、株価水準の変化からレジスタンスラインがサポートラインに転換する。なぜなら、今までずっと抜けなかった抵抗線の価格を抜けると、空売りの買い戻しが入り、需給バランスがレンジを押し上げるからだ。ラインの転換は、横ばいトレンドでよく見られるので意識してトレードに生かそう。

抵抗線上でトレードせよ

値動きは抵抗線を引けば簡単になる

トレンドラインを覚えることで気をつけたいのが、上昇トレンドにはサポートライン、下降トレンドにはレジスタンスラインしか引かないことだ。両方が必要なのはレンジの時だけである。

２つのトレンドラインの引き方

図1

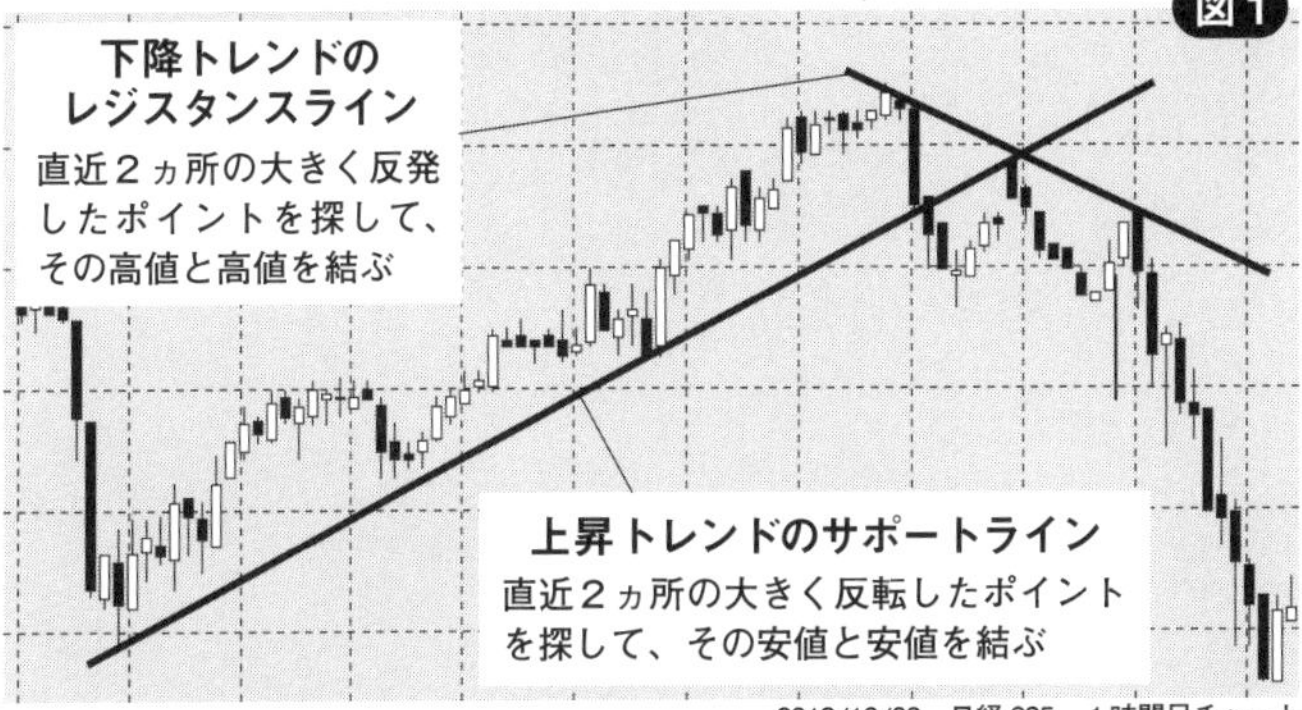

下降トレンドのレジスタンスライン
直近２ヵ所の大きく反発したポイントを探して、その高値と高値を結ぶ
上昇トレンドのサポートライン
直近２ヵ所の大きく反転したポイントを探して、その安値と安値を結ぶ

2018/10/03　日経 225　1時間足チャート

トレンドラインを使った実践トレード

図2

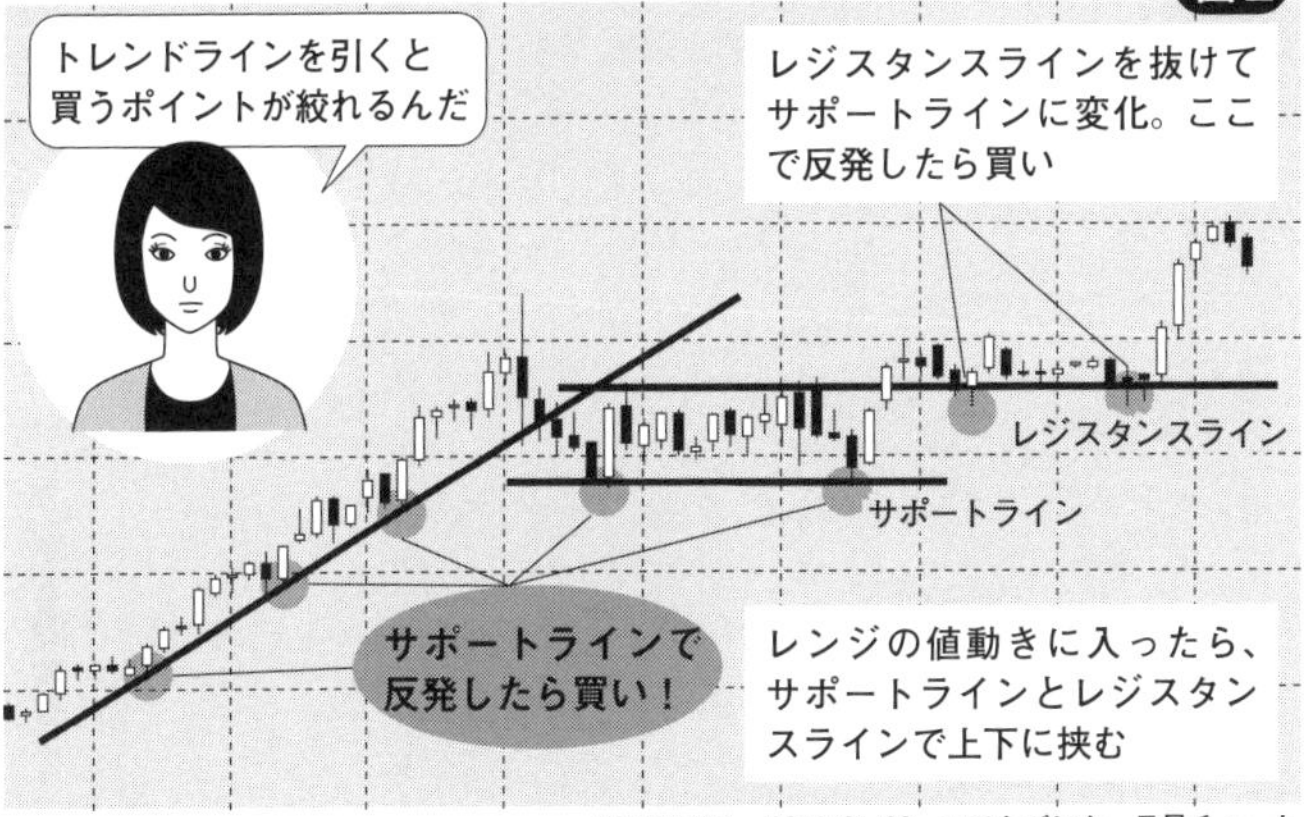

トレンドラインを引くと買うポイントが絞れるんだ
レジスタンスラインを抜けてサポートラインに変化。ここで反発したら買い
レジスタンスライン
サポートライン
サポートラインで反発したら買い！
レンジの値動きに入ったら、サポートラインとレジスタンスラインで上下に挟む

2017/9/27 ～ 2018/01/09　ソフトバンク　日足チャート

テクニカル分析④

移動平均線で買うポイントを探る

「移動平均線（MA）」は、一定期間の終値平均値をグラフ化したもので、もっともメジャーなテクニカル指標である。「25日移動平均線」ならば、その日を含めて過去25日間の終値の平均線となる。

移動平均線は、ネット証券などのチャートを開くと、最初から描画されている場合が多い。基本は**「5日」「25日」「75日」**の3本の移動平均線であるが、**「200日」**も加えるとよい。

移動平均線から読み取れるのは、トレンドや下値サポートなどで、前項のトレンドラインと同じような機能を有することだ。しかしMAの最大の特徴は、**2本の曲線の交差と乖離**なのだ。

左図では、5日MA、25日MA、200日MAを描画した。200日MAは、ゆったりとボトムとして長期的なトレンドを表し、その上を短期線の5日MAと25日MAが動き回っている。

トレードに生かすには、5日MAが25日MAと交差するところに注目する。5日MAが25日MAを、上から下へ貫くと**「デッドクロス」**となって、下落のサインだ。そして、25日MAを下から上へ貫くと**「ゴールデンクロス」**となって上昇のサインとなる。

200日MAはチャート上に一番太く表示させておこう。値動きは200日MAを中心に動いている。25日MAが200日MAと乖離し過ぎると、高値警戒感から下落に向かう場合も多い。その時は200日MAぐらいで下げ止まるという意識を持とう。さらに、長期的に下落している銘柄が勢いよく反発しても、200日MAで一旦は頭を抑えられるはずだ。**200日MAの場所を常に把握しておくことが大切だ。**

株価は200MAを基準にして動く

5MAと25MAのクロスに注目する

証券会社のツールでチャートを開き、テクニカル分析指標の追加で移動平均線（MA）が選択できる。その際に期間をたずねてくるので5・25・200と入力しよう。5分足チャートや日足でも同じ期間設定だ。

ゴールデンクロス・デッドクロス

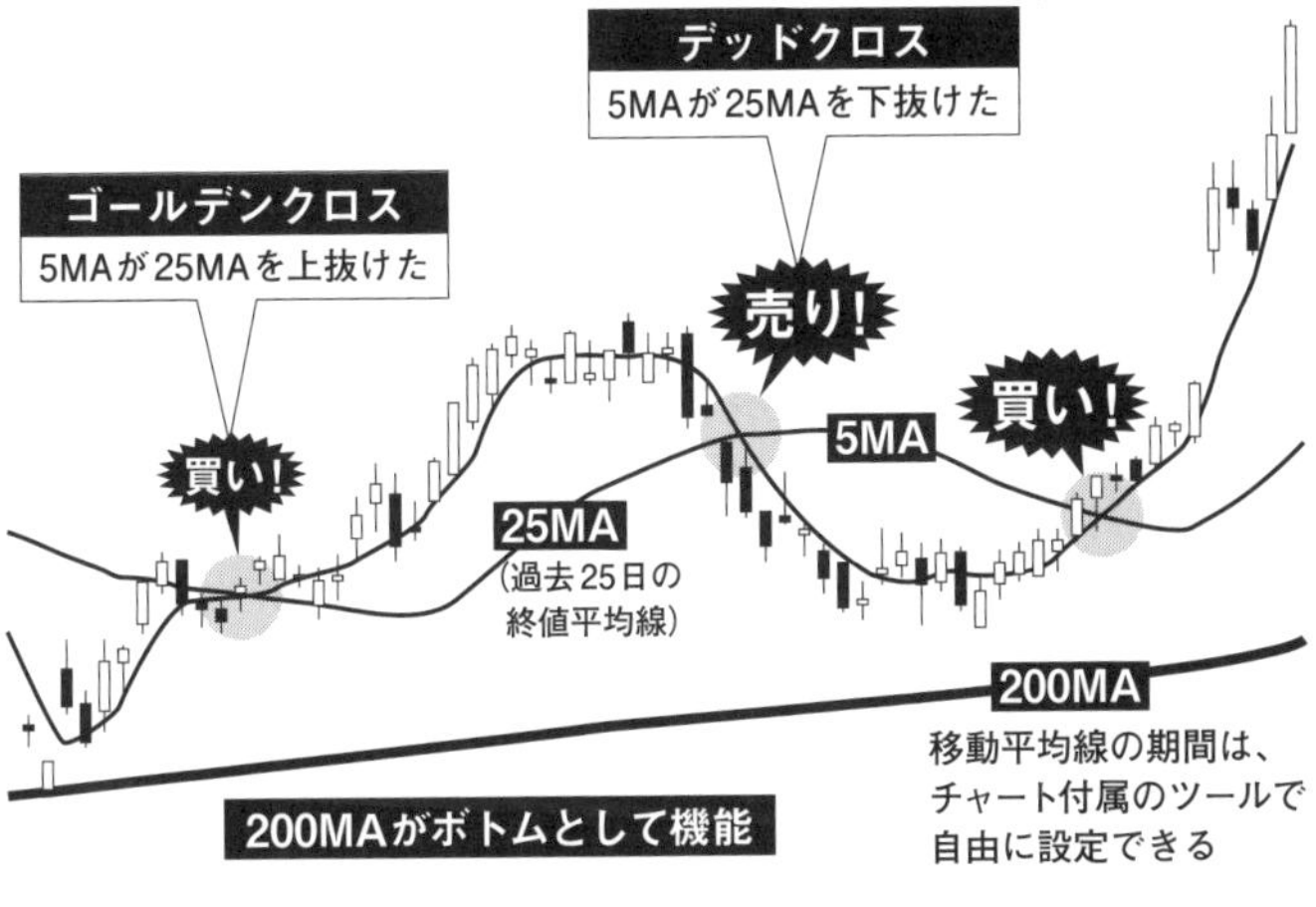

2018/2/7 ～ 5/17 GMO 日足チャート

株価は200MAを中心に動いている

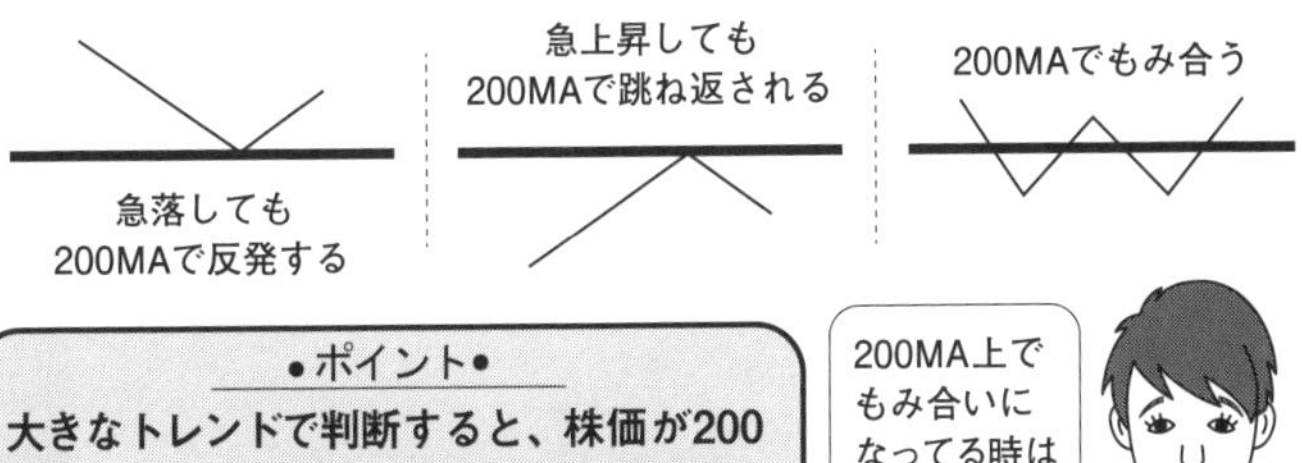

●ポイント●

大きなトレンドで判断すると、株価が200MAより上で推移していれば強気相場、下で推移していれば弱気相場となる。

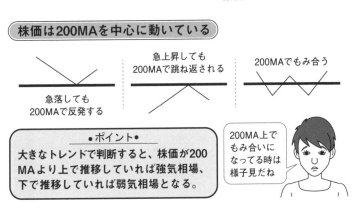

ストキャスティクスを組み合わせる

テクニカル分析⑤

テクニカル分析は、**「トレンド系」「オシレーター系」**の2種類がある。トレンド系は、トレンドライン・移動平均線などが属し、ここで紹介するストキャスティクスはオシレーター系に属している。

相場の値動きには、上昇・下落・横ばいの3方向のベクトルが存在するが、オシレーター系は、この中で「横ばい」、いわゆるレンジ相場に有効な指標である。

左図の中央と下部にある、縦軸に20~80%の値を持つチャートが、オシレーター系の一つ、**ストキャスティクス**である。ネット証券のツールに「テクニカル指標（分析ツール）の追加」があるので表示させてみよう。

ストキャスティクスは、**「%K」**と**「%D」**と名付けられた2本のラインから構成されており、後者は前者の平均線である。次に一般的な使用法を挙げたい。

・2本のラインが20%以下で推移し、%Kが%Dを上抜けたゴールデンクロスで買いポジションをとる
・2本のラインが80%以上で推移し、%Kが%Dを下抜けたデッドクロスで売りポジションをとる

ストキャスティクスはレンジ相場で有効と記したが、その理由は、上昇トレンドで一方向に動き続けた場合、買われ過ぎラインの80%以上を越えたままで相場が上昇し続けるパターンがあるからだ。

テクニカル分析は、その一つだけを見ても機能しない場合も多く、2つぐらいを組み合わせるとよい。例えば、ザラバ中は移動平均線とストキャスティクスを常に表示させてトレードを行い、翌日に向けてじっくり検証する時は、トレンドラインを加えて戦略を考える、というスタイルもあるのだ。

レンジ相場には
オシレーター系を使え

チャートにストキャスティクスを表示させる

オシレーター系と呼ばれるテクニカル指標はいくつか存在するが、売られ過ぎ、買われ過ぎの判断を下すものが多い。ストキャスティクスは代表的な指標で、これ一つ表示させておけば他は必要ないと言える。

ストキャスティクスで買われ過ぎ・売られ過ぎをチェック

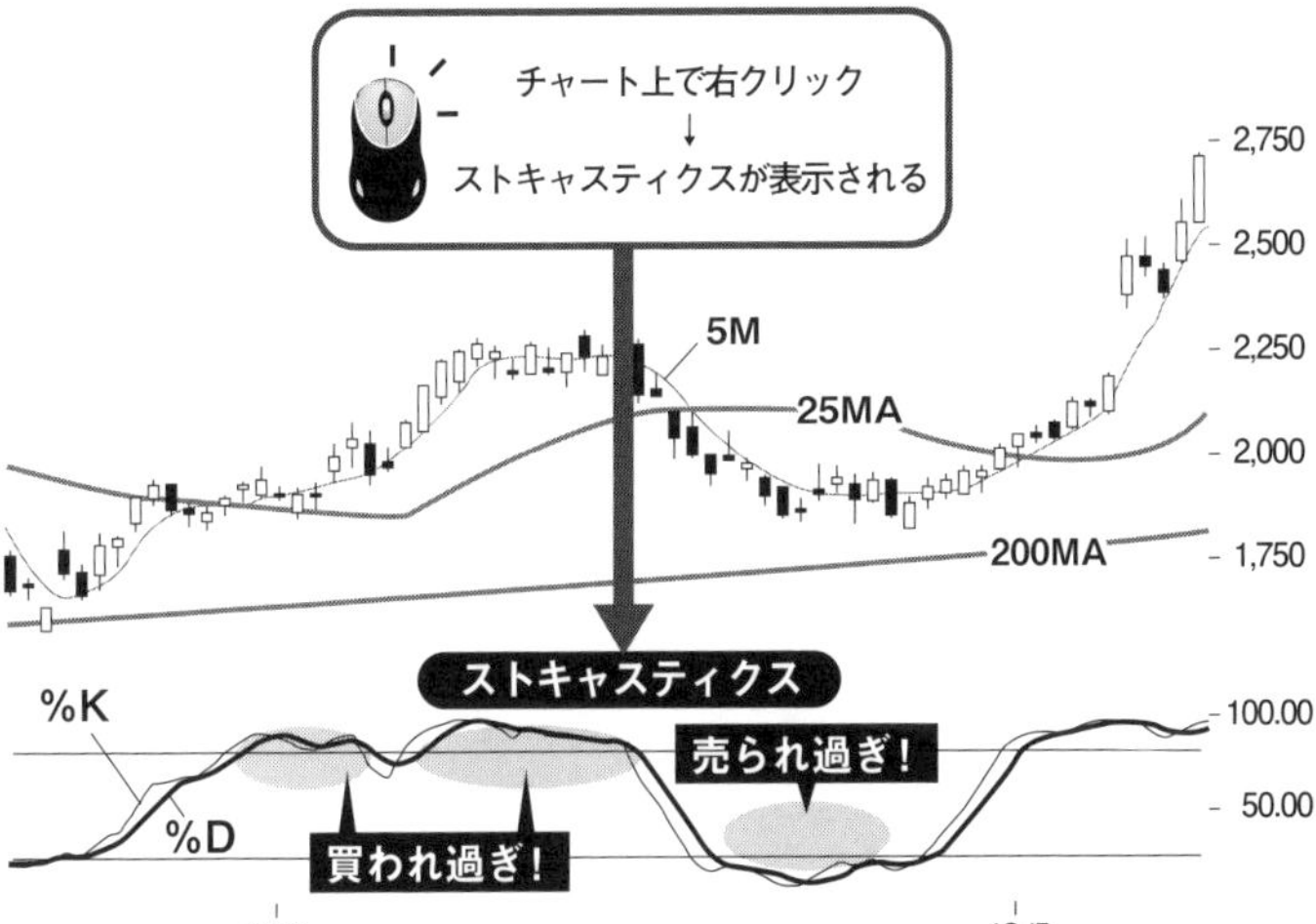

2018/2/7 ～ 5/15 GMO 日足チャート

ストキャスティクスでもクロスが使える

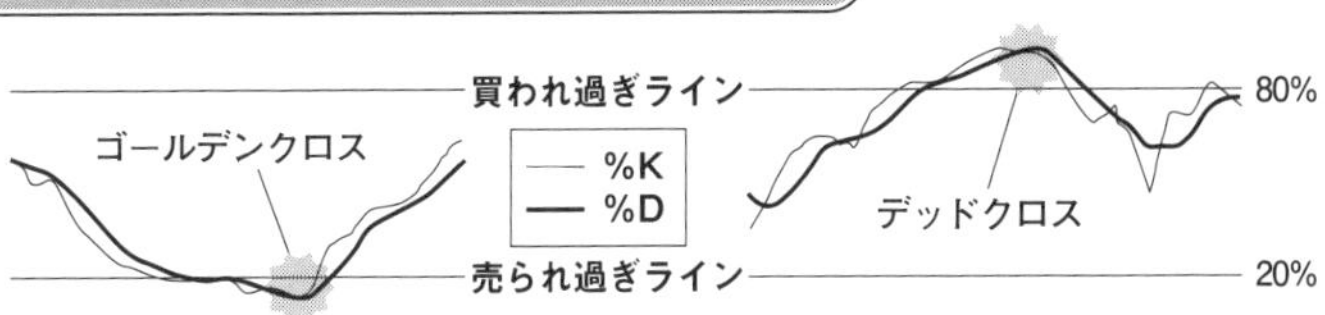

売られ過ぎライン 20% 以下で、%K が %D を上抜けてゴールデンクロスしている。株が買われる可能性が高い。

買われ過ぎライン 80% 以下で、%K が %D を下抜けてデッドクロスしている。株が売られる可能性が高い。

テクニカル分析⑥

トライアングルを覚える

証券会社のディーリングルームでは、午後3時を迎えると、悔やむ者と、安堵に浸る者の情報交換が始まる。「やはりこの形か！」「何でこういうチャートになるの……」こんな会話が聞こえてくる。

トレーダーは、無意識に目先的なチャートの型をイメージして取引しているのだ。とはいえ、それは経験則から導かれるオリジナルのものではなく、基本的な**「トライアングル」**というチャート型に収まる。

トライアングルは、**「上昇三角形型」「下降三角形型」「対称三角形型」**に集約できる。集約としたのは、他にも「四角」「くさび状」やら条件別に様々な名前がつけられた型があるのだが、結局この3つに回帰しているからだ。

上昇三角形型は、安値を切り上げて上昇トレンドが継続することを意味する。上昇してきた株は、必ず一旦もみ合いに入り、安値を切り上げているのを確認すると、買い勢力が拡大してもう一段の上昇となる。下落三角形型は、その逆で、一旦下げ止まるも買いが続かず、安値を切り下げて、もう一段の下落となるパターンだ。

対称三角形型は、もみ合いの中で、高値は切り下がり、安値は切り上がる形となっているもの。これは買いと売りの勢力が拮抗して、三角形の先端が細く神経質な状態だ。捉え方としては、もみ合い時間が長いほどエネルギーは高まり、上昇、下落のどちらかに放たれた時の勢いが大きくなると考えられる。

スイングトレーダーやデイトレーダーでは、扱うチャートの時間軸（5分足、日足など）が違う。しかし心配はいらない。トライアングルのみならず、テクニカル分析は、どの時間軸でも同じように当てはまるのだ。

エネルギーが放たれた方へ

値動きを読むとは次の展開を予測すること

トレードをしていると、節目や抵抗ラインが次々に出現して「ここを越えたら、上がる」と思える瞬間が多々ある。それは需給が一方へ放たれる瞬間であり、いつも同じようなタイミングで訪れるのだ。

値動きは3つのトライアングルに集約できる

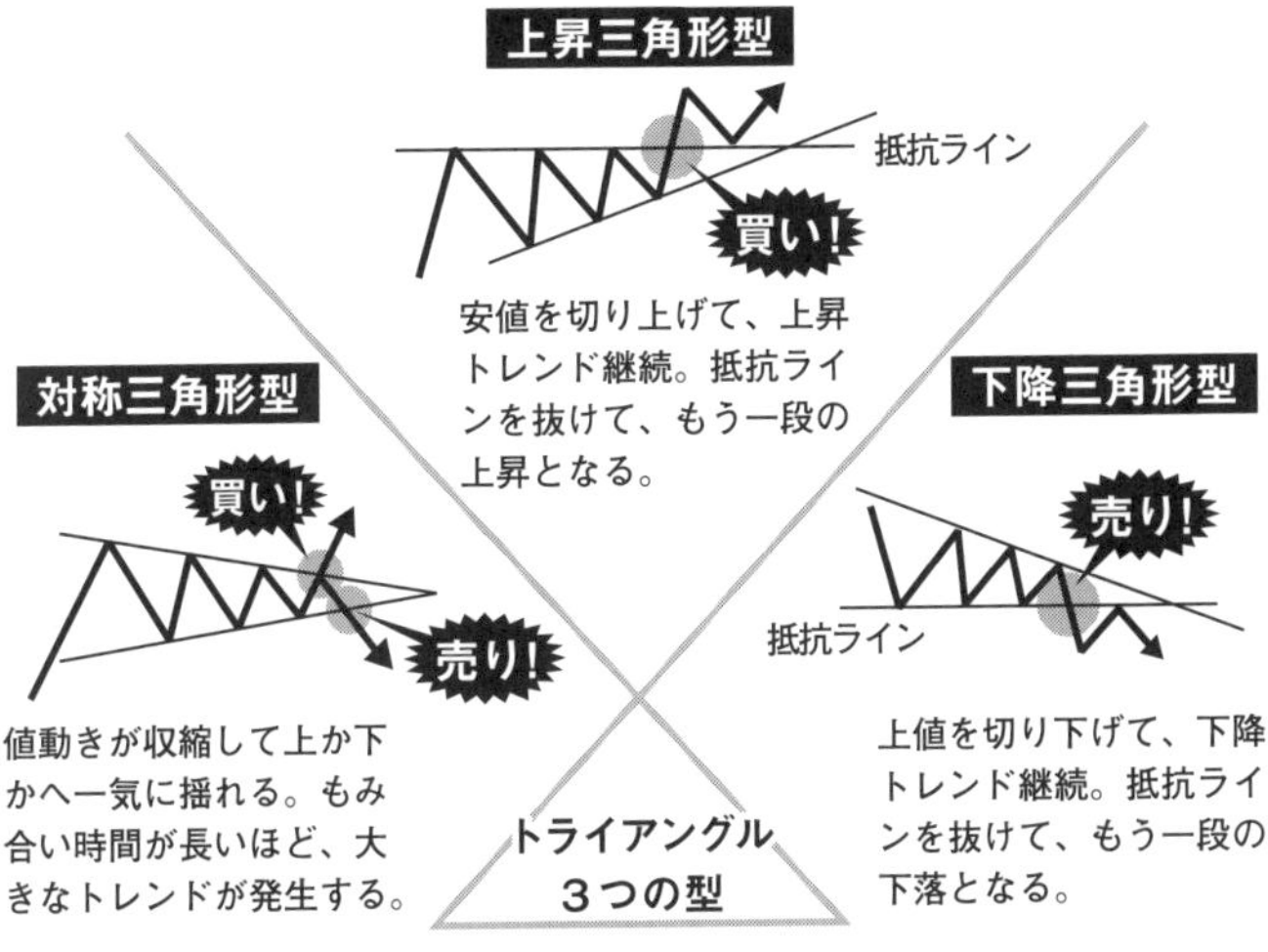
上昇三角形型
抵抗ライン
買い!
安値を切り上げて、上昇トレンド継続。抵抗ラインを抜けて、もう一段の上昇となる。
対称三角形型
買い!
売り!
値動きが収縮して上か下かへ一気に揺れる。もみ合い時間が長いほど、大きなトレンドが発生する。
下降三角形型
売り!
抵抗ライン
上値を切り下げて、下降トレンド継続。抵抗ラインを抜けて、もう一段の下落となる。
トライアングル
3つの型

テクニカル分析はすべての時間軸チャートに有効

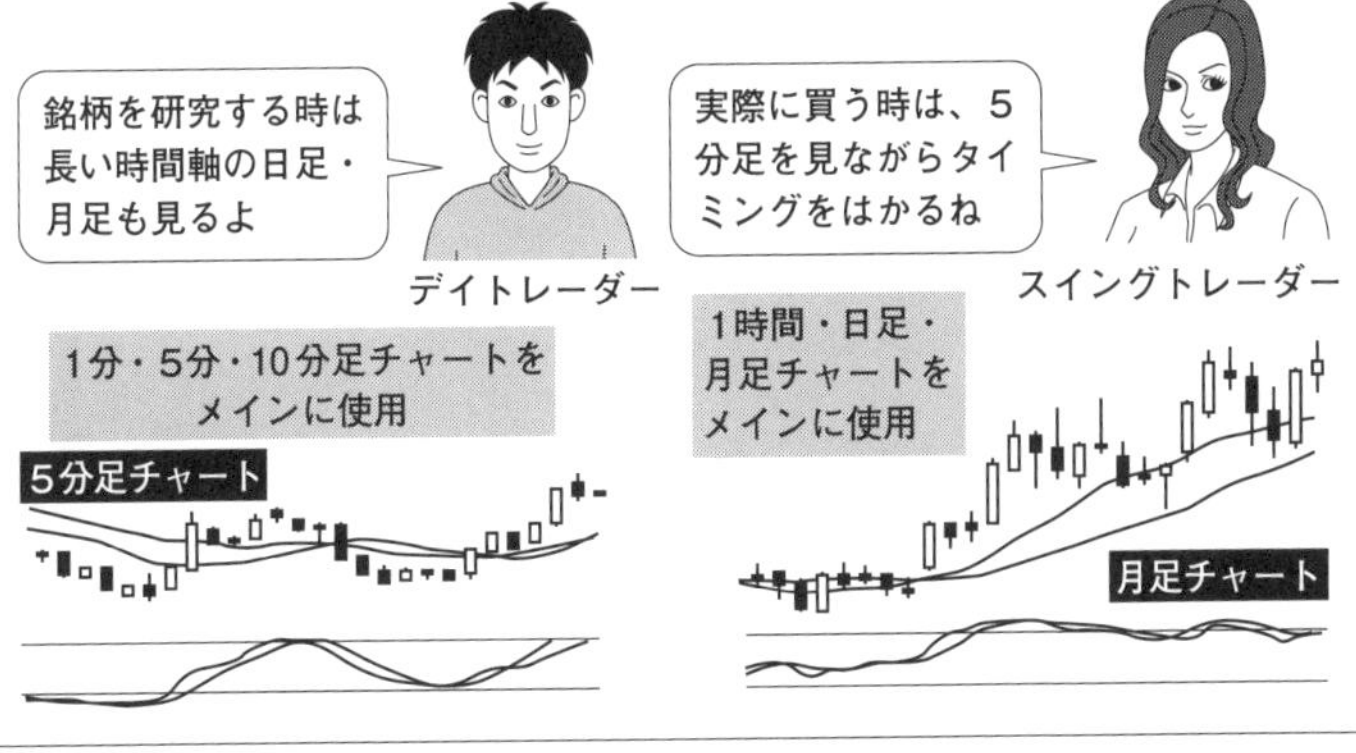
銘柄を研究する時は長い時間軸の日足・月足も見るよ
デイトレーダー
実際に買う時は、5分足を見ながらタイミングをはかるね
スイングトレーダー
1分・5分・10分足チャートをメインに使用
5分足チャート
1時間・日足・月足チャートをメインに使用
月足チャート

テクニカル分析⑦

ここを買えば勝てる！①

「高値ブレイク」——順張りの王道だ。この手法だけでトレードしている人がいるほど有名な手法である。そして、有名な手法でなくては意味がなく、役に立たない。なぜなら、企業業績や財務状況といったファンダメンタルも、テクニカル的手法も、そのことを誰も知らないとなると、意図した方向には動かないからだ。

ここまで何度か出てきた**「節目」**には、区切りの良い価格「100円」「1500円」などの他に、**「高値」**がある。高値には、年初から現在までのもっとも高い値段の「年初来高値」、上場してから現在までの「上場来高値」、そして、半年以内の「直近高値」などがある。日足・週足・月足チャートで高値をチェックする習慣をつけよう。

これらの高値を買って上放れを期待するのが「高値ブレイク」という手法だ。特に、上場来高値や半年～3年前の高値をブレイクする場面では、株価が大きく続伸する。テクニカル的視点では、その高値より下の水準で、株価は長らくもみ合いを続けたに過ぎず、高値を超えた領域は、売りが出にくい「真空地帯」に入ったと見ることができるのだ。青天井となって、むしろどこで株を手放すかが難しくなる。

直近高値は、デイトレードなら30分前や1時間前の高値のことも指すが、ザラバにおける予測範囲内の高値ブレイクとなる。5円～10円の利ザヤを稼ぐ目的の手法なので**「ダマシ」も多く見られ**、2度、3度と上下に振るい落として上昇するパターンも多い。

「ダマシ」を見極めるには、出来高を見るとよい。前日より明らかに出来高がふくらんで取引が活況な銘柄ならば、30分前などの短期的な高値ブレイクであっても勝率の高いトレードになるはずだ。

高値ブレイクを狙え

大相場の初動で買える唯一の手法

５分足で気づかないことに、日足・月足チャートで気づくことがある。大きなトレンドと株価の水準、そして高値・安値という節目だ。デイトレードの高値ブレイクは、出来高との兼ね合いで判断が必要だ。

常に高値を意識してトレードを行う

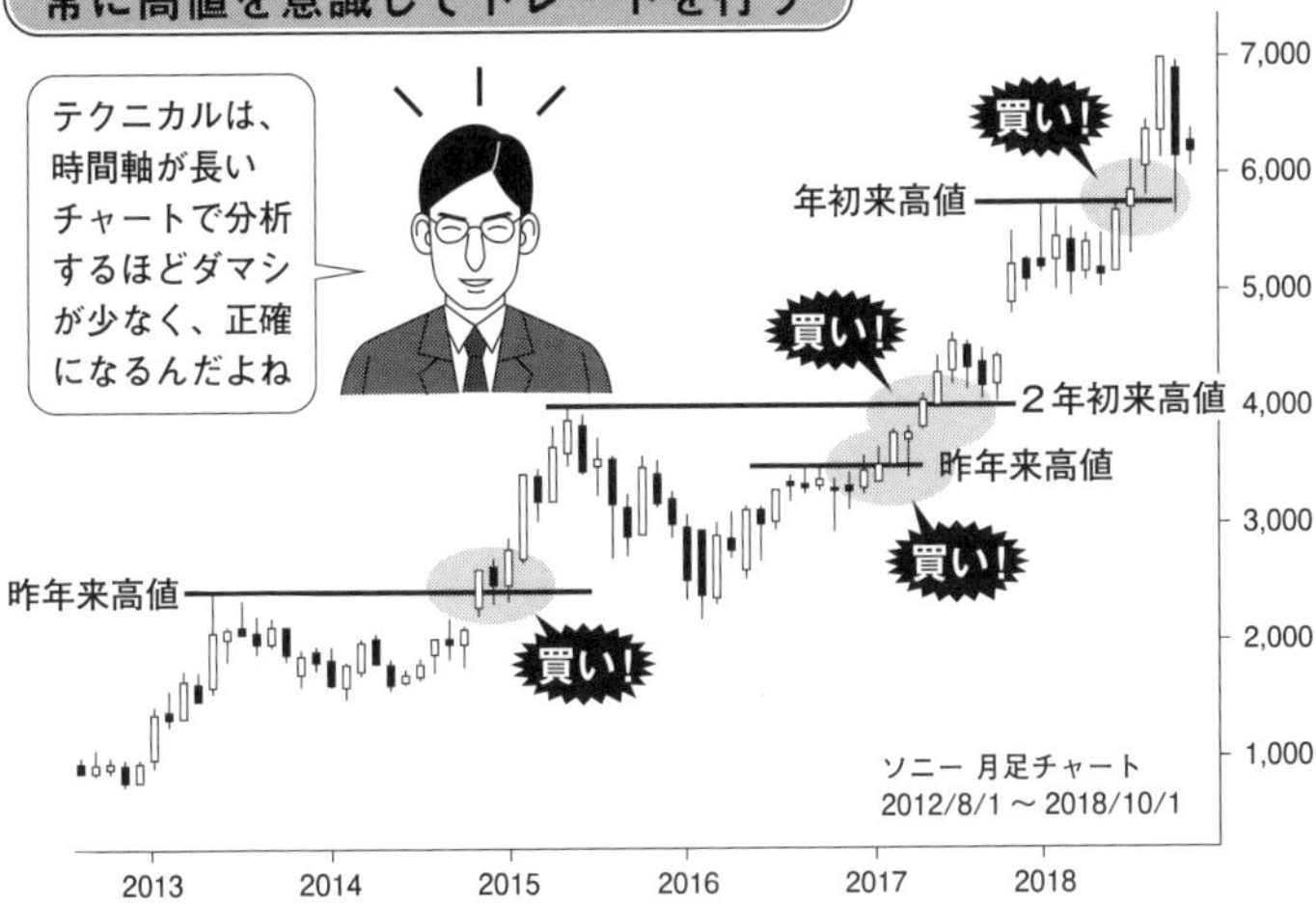

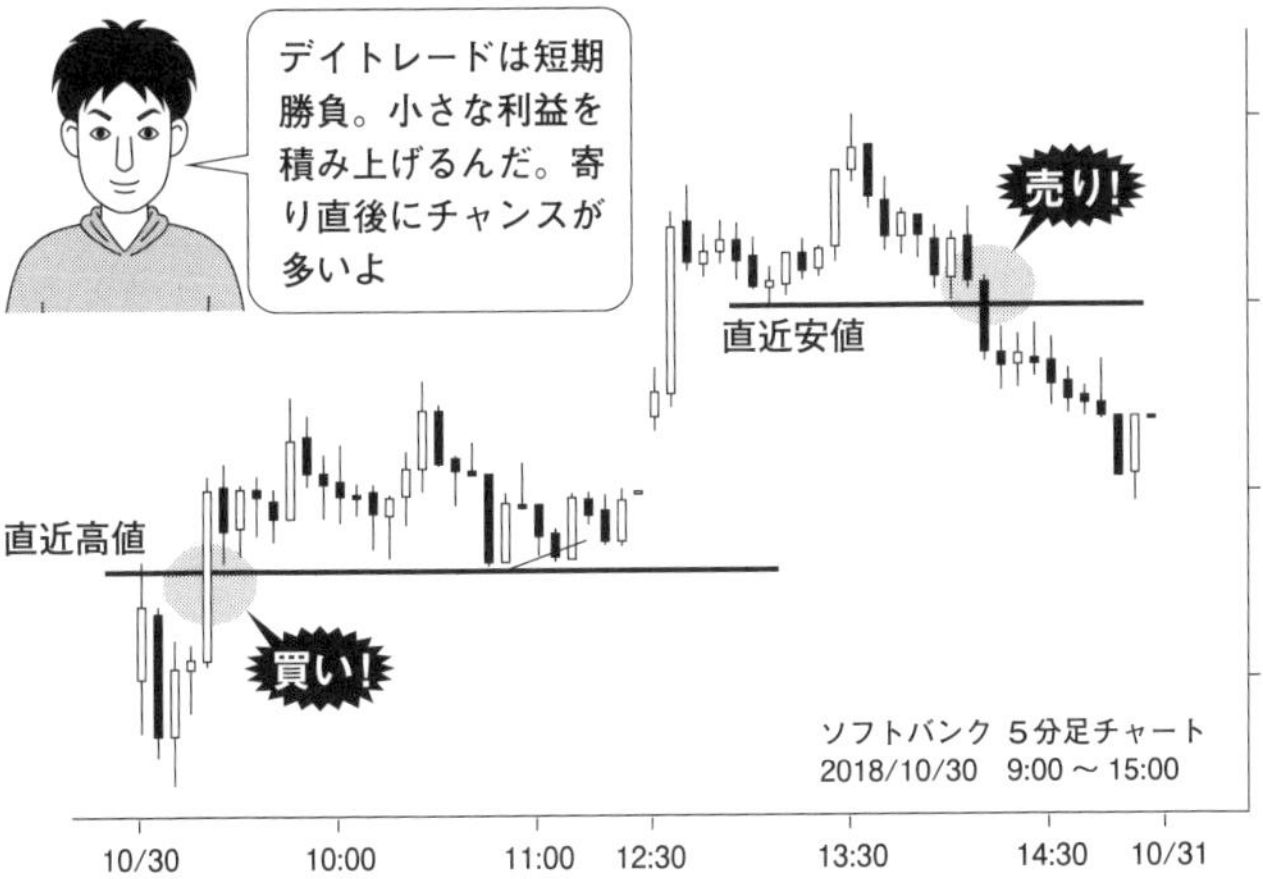

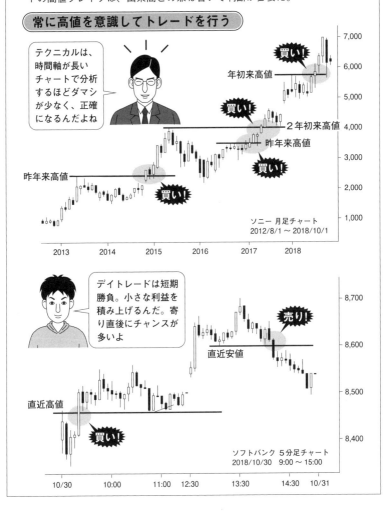

ここを買えば勝てる！②

テクニカル分析⑧

長らく続いた一つのトレンドは、いずれ天井・大底を迎えて終焉する。しかし大抵の投資家はそれに気づかないままだ。トレンドの変化をいち早く知るために、天井・大底の形成パターンを覚えよう。天井を見極める**「ヘッドアンドショルダーズトップ」**、**「ダブルトップ」**。そして大底を見極める**「ダブルボトム」**である。

ヘッドアンドショルダーズトップとは、頭と両肩の意味で、真ん中の頭を高値にして、右肩下がりとなったトリプルトップの一種である。ダブルトップは、一つめの山の高値に挑戦するが、下落となって二つの山を形成するパターンだ。いずれも上昇トレンドの天井で見られ、左図のように、買いポジションを解消するか、売りのポジションを持つ戦略が考えられる。

下落トレンドの大底を捉えて買いポジションを持つために、覚えておきたいのがダブルボトムだ。2回にわたって安値をつけるパターンで、日本では一番底に対して「二番底」と表現する場合もある。

なぜ、ダブルボトムを取り上げるのか？　それは難しいことは簡単に考えたいからだ。値動きを視覚的なパターンで覚えること自体がそうであるが、**「いち、にい、さあ買おう」**というテンポが取りやすいのだ。

左下図にあるダブルボトムを見てみよう。2つのボトム（A・B点）がほぼ同じ高さにある。戻ったC点の高値をブレイクアップすることで、ダブルボトムが完成する。買うポイントは、B点やD点で反発を確認してから買うことだ。「2回も跳ね返された、この安値は割れそうにない……」という投資家心理を頼りに、この大底を起点とした下落トレンドの終焉、そして上昇トレンドの始まりを期待するのである。

天井と大底を見極める

2回目の安値で買い、2回目の高値で売る

日々の小さな値動きにはあまり有効ではないが、大きく動いた株価はダブルトップやダブルボトムで反転することが多いのだ。最初のリバウンドで乗らずに、2回目の押し目で買う方が効率がよい。

急騰・急落後の値動き

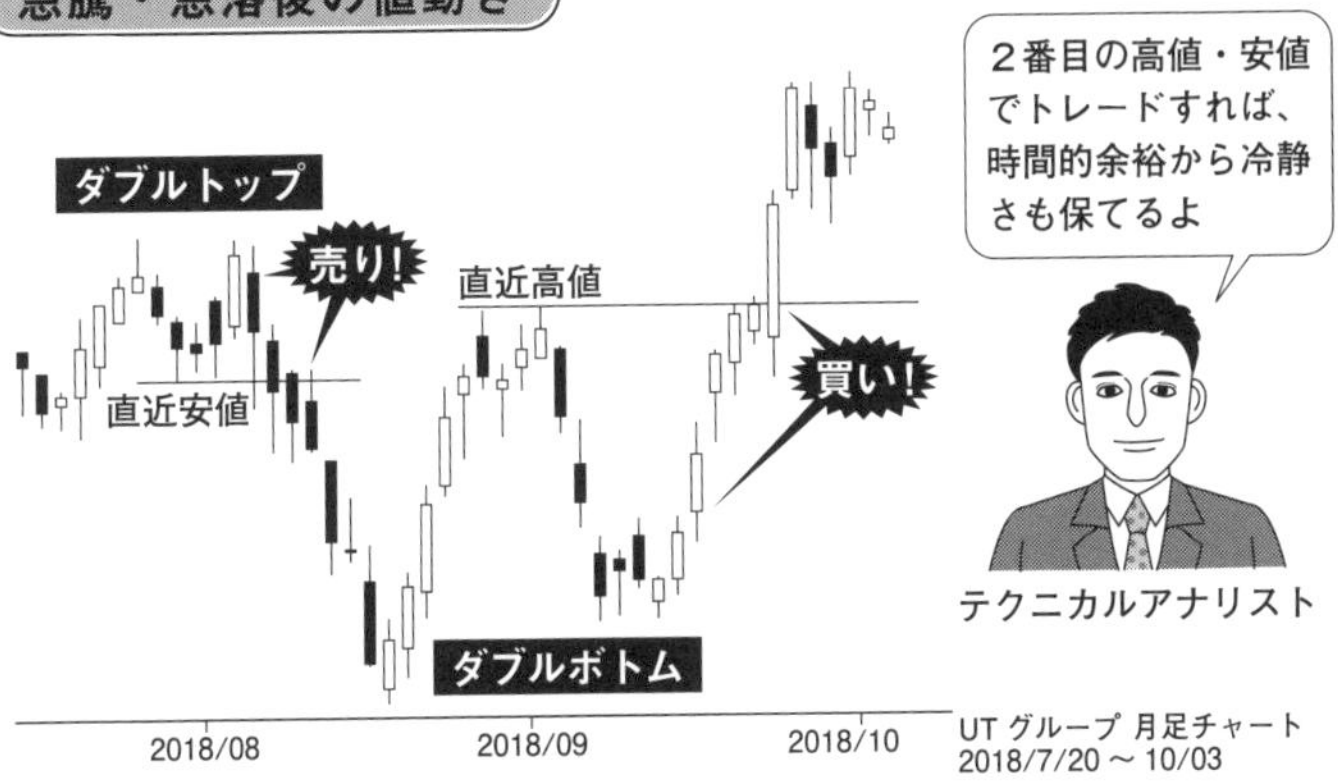

UT グループ 月足チャート
2018/7/20 ～ 10/03

天井・大底の形成パターン

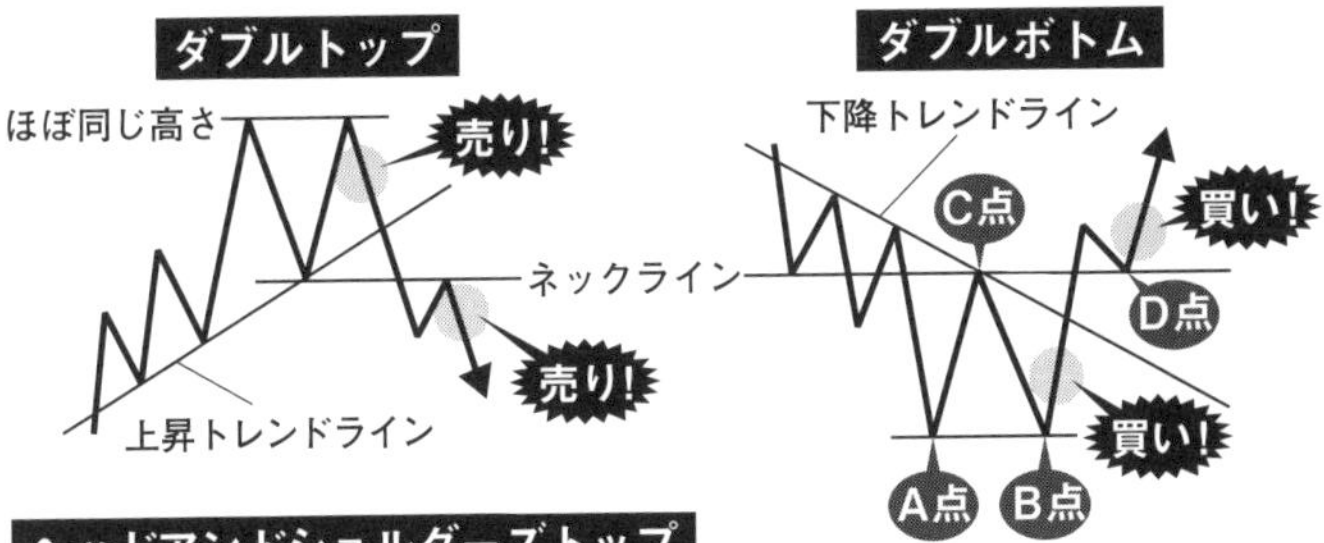

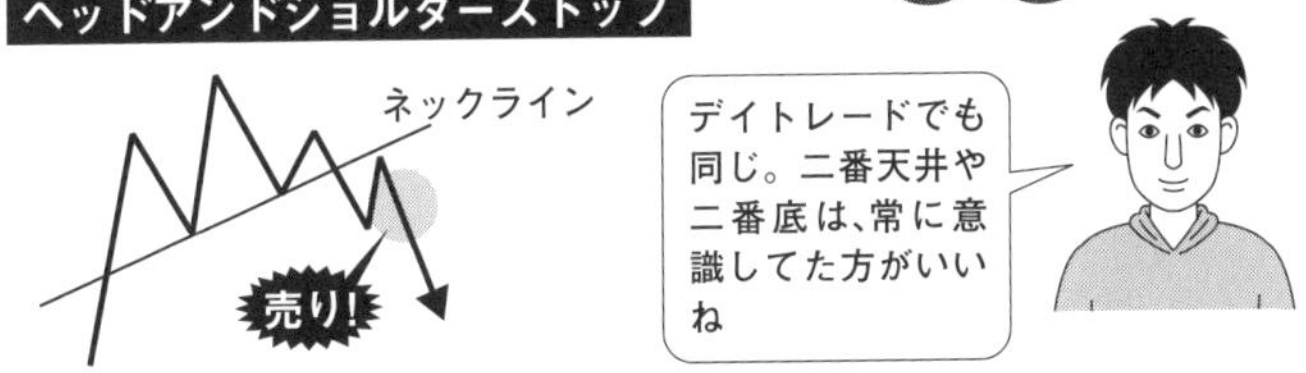

おわりに

「絶対損を出さないように！」
「3ヵ月でダメなら戦力外だ！」
約12年前、証券会社の資産運用を請け負うディーリングルームで、入社間もない私はそう言われた。そして、命がけとあきらめを掛け合わせたような気分のもと、その日の株取引が始まった――。

私が証券会社に入社した当時は、ディーラー全盛期であり、マーケットでもその存在感が際立っていた。反射神経である程度の成績が残せたし、我流と逆張り手法が横行し、会社の潤沢な資金を使って大きい株数で勝負できていた時代だった。今から思えば、私も力技で最初の数年間をやり過ごしていた。

しかし、コンピュータが相場を支配するようになってから状況は一変した。上昇や下降トレンドに乗ることが重要となった。トレンドに逆らってリスクを取り、そのリスクを許容できなくなった者から負けていくのだ。

許容できるリスクは、人それぞれだ。いくら金を持っているかは関係ない。株価が1000円動いた場合、1万円の損なら抵抗がないのか、10万円の損でも抵抗がないのか、人によって異なるのだ。

1時間足チャートでトレンドを確認して、トレンドに沿って取引するだけで勝率はグンと上がる。株価はどっちへ行きたいのか？　どこまで行きたいのか？　――相場との対話、そして基本的手法への忠実さが求められるようになったのだ。

そして今考えていることは、株式投資はこれからどうなっていくのかということである。本文では証券取引所の再編について触れたが、ここでは私達の暮らしとの関わりを考えたい。

2012年から続く安倍政権による金融緩和で、日経平均株価は大きく上昇した。しかし、私達への直接的な利益はあっただろうか？　各家庭にお金を配布してくれただろうか？

2012年と2019年を比べても、平均年収は410万円前後と増えていない。市場で株価が上がっただけだ。生活は何も変わらないし、金融緩和など別世界の話だと思っている人も多いはずである。

なぜか？　ある程度投資の知識がないと、利益を取りに行けないからだ。これからは、金融緩和などの大局的な恩恵を受けるためには、自ら株式市場へ取りに行くことも考えなくてはならない時代なのである。

だが、本書を手にとったあなたは、時代が必要とする行動をとれるはずだ。なぜなら、少しずつでも暮らしと投資をリンクさせるために、学びたいと思っているからである。株式投資のカラクリを理解すれば、この先にどんな経済的事象が起こっても、戸惑うことなく行動できるだろう。

最後に、本書を購入してくださったすべての方々、本書を執筆する機会をいただき、また執筆するにあたり、協力してくださったすべての方々にお礼を申し上げたい。

【著者紹介】

高野　譲（たかの　ゆずる）

証券トレーダー。個人投資家10年と機関投資家10年の経歴を持つ。

現在は独立し投資関連事業を法人化、アジアインベスターズ代表。

著書に『図解　株式投資のカラクリ』『株式ディーラーのぶっちゃけ話』『超実践 株式投資のプロ技』（いずれも彩図社）がある。

最新図解 株式投資のカラクリ

2019年3月22日第一刷

著　者　　高野　譲
発行人　　山田有司
発行所　　株式会社　彩図社
東京都豊島区南大塚3-24-4
MTビル　〒170-0005
TEL：03-5985-8213　FAX：03-5985-8224
イラスト　宮崎絵美子
印刷所　　シナノ印刷株式会社
URL　http://www.saiz.co.jp
https://twitter.com/saiz_sha

© 2019.Yuzuru Takano Printed in Japan.
ISBN978-4-8013-0360-7 C0033
落丁・乱丁本は小社宛にお送りください。送料小社負担にて、お取り替えいたします。
定価はカバーに表示してあります。
本書の無断複写は著作権上での例外を除き、禁じられています。
（cover icon designed by Freepik.com）

好評発売中・彩図社の本

超実践　株式投資のプロ技

プロはどうやって確実に勝ちを積み重ねるのか？

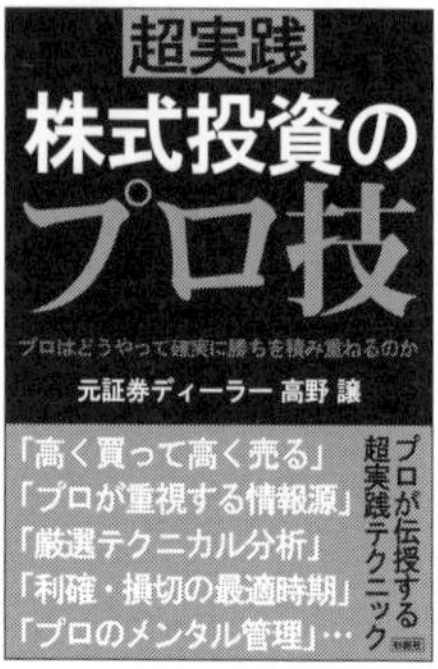

本書は、計算と数列で相場を紐解くような悪あがきをせず、プロのやり方そのものを解説したことで、更なる向上を求める投資家はもちろん、投資を始めて間もない人でも活用できる「決定的な内容」となっている。読み進めると、プロとアマが正反対の考え方をしていることに面白味を感じるだろう。（はじめにより）

高野譲著　四六判　定価1600円＋税

株式ディーラーのぶっちゃけ話

きな臭すぎる株と金の世界を大暴露

証券会社の資金を運用して、利益を上げる株式ディーラー。刻一刻と変化する株価に一喜一憂し、１日に５億～50億の金を動かし続ける彼ら。映画などでアメリカウォール街の内幕などは描かれることがあるが、日本のプロ株式ディーラーの世界はほとんど語られることがない。本書では知られざる「きな臭すぎる株と金の世界」の内幕を大暴露する。

高野譲著　文庫判　定価619円＋税